U0360781

决 定

[新加坡] 特里梅因·杜·普里兹◎著
（Tremaine du Preez）

王子予◎译

清华大学出版社
北京

北京市版权局著作权合同登记号　图字：01-2021-2704

Decide : the art and science of choosing wisely

Author: Tremaine du Preez

ISBN: 978-981-48-4159-7

图书在版编目（CIP）数据

决定 / (新加坡) 特里梅因·杜·普里兹 (Tremaine du Preez) 著；王子予译 . — 北京：清华大学出版社，2021.10

ISBN 978-7-302-58817-7

Ⅰ . ①决… Ⅱ . ①特… ②王… Ⅲ . ①决策学 Ⅳ . ① C934

中国版本图书馆 CIP 数据核字 (2021) 第 155909 号

责任编辑：张立红
装帧设计：梁　洁
责任校对：赵伟玉
责任印制：朱雨萌

出版发行：清华大学出版社
网　　　址：http://www.tup.com.cn，http://www.wqbook.com
地　　　址：北京清华大学学研大厦 A 座　　　邮　　编：100084
社 总 机：010-62770175　　　　　　　　　　邮　　购：010-62786544
投稿与读者服务：010-62776969，c-service@tup.tsinghua.edu.cn
质 量 反 馈：010-62772015，zhiliang@tup.tsinghua.edu.cn
印 装 者：三河市科茂嘉荣印务有限公司
经　　销：全国新华书店
开　　本：148mm×210mm　　印　张：5　　　字　数：121 千字
版　　次：2021 年 10 月第 1 版　　印　次：2021 年 10 月第 1 次印刷
定　　价：59.00 元

产品编号：088393-01

作者简介

特里梅因·杜·普里兹是一位行为经济学家和国际思想领袖，她的使命是传递优秀决策的艺术与科学。她是杜克企业教育（从杜克大学福库商学院分离出来的机构）的研究员、全球教员以及私营和公共部门组织决策的顾问。自 2008 年以来，她在亚洲、非洲和欧洲各地工作，并为个人、团队及大型跨国组织诊断其决策问题并制定决策策略。她为世界各地的学术及专业听众讲授行为金融学、决策科学和批判思维，已出版 5 本图书。特里梅因是决策咨询公司 DECIDE 的创始人。

特里梅因·杜·普里兹其他作品：

《聪明地思考，更聪明地工作——一本作出更好决策的实用手册》

《培养思考者——为孩子的人生旅程作好准备》

读完这本书会花费大约两个半小时，这要比成年人的一门教育课程的时间短，比一部超级英雄电影稍长，但所获得的收益将是不可限量的。

序　言

这个世界是否还需要一本关于决策的书？

谁更需要了解决策？从业者还是学者？

为什么理论案例的学习无法达到效果？

选择属于你自己的学习旅程。

市面上有关如何作决策的书汗牛充栋，而这也是我想写这本关于决定的、有实践指导价值的书的原因所在。

让我来解释一下，如果你也像我一样读过不少与这个题目有关的书，那么你也一定知道在这中间存在着很明显的两极分化：由研究人员撰写的学术性著作为我们介绍了有关良好决策的科学理论，而那些与决策者常年打交道、拥有多年在企业里应用选择策略经验的从业者所写的书则反映了决策在实际应用中的艺术。学者倾向于把他们的研究发现转化成精心打磨的、具有权威参考来源的文章材料，但这些研究成果更多地是被局限于某个通常他们自己所处的、细分的领域。

一方面，从传统意义上来讲，有关决策的学术研究通常由学生和其他符合条件的参与者来完成，这样一来就会由相关研究者来演示其结果如何应用在公司管理层面。对行政管理人员来讲，与学生可以在一个可控的情境下作出决策不同，他们要面对各种不确定的条件和极大的压力，并且要预估所作决策对其自身和其他人可能产生的后果。要实现从学术实验到公司决策的跳跃性转变，一项研究需要有解释性的论述、虚构的人物及逼真的案例分析，这些都会使一本书更引人入胜。但对我而言，我发现自己在把研究结果应用到自身实际方面还是很有能力的，因此我也不需要在书中掺杂一些冗杂的虚构情节。

另一方面，从业者把关键的洞察带到了真实而杂乱的决策世界，但他们却常常由于缺少学术的土壤，使其想法少了一些深度和广度。偶尔也会有一本涵盖了实用和理论的书出版——譬如塞勒和桑斯坦的《助推》。[1] 这本书扎根于实践，展示了在实验室里获得的行为性见解如何应用到影响实际结果的行为中。另一本书是萨布丽娜·科恩 - 哈顿的《那一瞬间的热度》，这本书一部分是她作为一名消防员和高级事故指挥官的回忆录，另一部分则是她对其博士论文中关于在紧急事件中作决策的探索。

我要承认，我是从一位管理大师那里第一次了解到了决策（他通过富有雄辩力的演说，以及轻松应用被有记忆点的文字包裹的分步式公式——这使得公式可以最大化地被分享到一条推特上——获得了很高的名望）。之后，我踏入了学术界，以期能在我入行 20 年之后，证明我的研究里所提及的专业性的、实际性的学问。我穿梭于学术图书馆之间去证明那些我坚持了很多年的论断，但最终发现这其中很大一部分有事实性的错误，有过时的，或太过于简单化的，或有误导性的内容。这是痛苦而令人惭愧的一课，但也令我格外感恩。我不会去列举、指责这些论断，但这里面的很多观点将会放在本书中作为与不同事实和大众心理的相反面去检验。

所以，这本书到底算是艺术类还是科学类呢？我首先是一个组织决策领域的从业者，而这让我处于一个很好的位置：我可以接触到来自真实世界的挑战与决策的许多实例。这本书中的案例都是真实的，但都是经过匿名处理的，以避免给我的客户、同事和朋友带来麻烦。我喜欢开门见山，因此，如果一句简单的解释就可以说清楚，我不会长篇赘述。

作为一个在决策科学领域做研究成为博士的人，我再怎么强调要从可靠的知识基础中得出结论——甚至从中提出建议——的重要性也不为过。我在这个领域所做的工作及不同组织、决策者慷慨给予我调研的支持，都改变了我对良好决策的科学与实践的理解和应用。而这本书也不仅仅是关于我当下的研究 [2]，它也可以根据需要应用到广泛的领域去回答这个问题：什么才是一个好的决策？

这个问题我在一周里被问到过很多次——不管是在正式的场合还是在随意的谈话中。如果用类似 30 秒左右的"电梯游说"来回答这个问题就太过简单化了，另外，给对方留下一个"有准确答案"的印象会很有误导性，而这个问题的真正答案是"视情况而定"。

"视什么情况而定？"是这本书试着去回答的问题。这本书将我的职业和学术实践与其他著名作者、研究学者的成果汇集一处，提供了一份有理有据、久经考验且实用的答案，它最终将会帮助你提高决策的质量与水平。

书中许多实用的观点源于我作为组织决策顾问的工作，包括与组织合作，了解其整体决策特性，组织、个人特质和市场的因素如何影响该特性，以及如何在符合组织目标的同时提高决策质量。没错，这是个很宽泛的题目，这也不是我想在一场鸡尾酒会上开启的话题——听者通常只会微笑表示同情，而后转移话题。

以下是关于本书的概述，帮你找到你所关心的领域。

第一部分从理性和良好决策的理论史展开叙述，探讨了一些关于"什么是一个好的决策"的最常见的问题，涵盖了我们已知的回答、哪些决策适用以及哪些决策不适用。如果你是一名从业者，我强烈推荐你跳过第一部分——除非你失眠，并且理论可以帮助你进入睡眠。别说我没提醒过你！

第二部分检验了你现在的决策过程。这部分的自我诊断是提高决策效果的关键一步，我建议你不要略过它。作决策是非常个人化的，而这本书也不会为你提供一份五个步骤的计划让你作出很棒的决策（毕竟我也不是个管理大师）。我的建议和见解只会给你现在的策略锦上添花，从而为你所用，并在你已有的处理信息和得出结论的方法上进行补充——特别是在你处于压力之下的时候。

第二部分同时也介绍了一种把最好的决策实践都集中到一起的决策过程，并且对以下部分逐一展开探讨：研究、实践，以及那些对引起思考完全必要的例子。如果你已经确信找到了一种决策过程（第7章），那你就可以从第8章开始阅读。后半部分通过举例，介绍了一个好的决策过程最初的几个步骤，即了解并分派决策权、制定元决策，以及探索去除偏见策略的力量。

第三部分继续通过以下方面来探讨最优决策过程的元素：普遍风险评估策略及情感和性别在我们思考和风险评估中所扮演的角色。这部分同时提供了一份评估FBI（美国联邦调查局）失败的案例，以便你考查自己新掌握的决策技能。

第四部分总结了一些基本的决策注意事项、章节概述及一份帮助你把你所学到的知识应用到日常决策当中的备忘清单。如果你是我的学生或者参加过我的咨询公司DECIDE（决定）组织的项目，那么请跳转到第四部分，你会立刻明白发生了什么。当然了，我也会为那些想要在某些具体领域加深了解的读者提供很多其他的参考资料、作者、图书和期刊。

准备好了吗？

目　录

第一部分

01.

第1章

你的选择

> 上帝存在，或不存在。但我们应倾向于哪边？理性在这没有办法作出决定……在这无限距离的极限处，一场赌博正在进行，是正还是反会在那里揭晓。你会赌什么？
>
> ——帕斯卡赌注，《思想录》[3]

　　帕斯卡提出，存在即去参与终极的赌注——在两个无法被理性左右的不确定之间进行选择：一个是上帝是存在的，在现世做出牺牲并保持虔诚之后，有一个祥和而繁荣的后世；另一个是不存在上帝，保持虔诚并不能获得任何来自其他世界的奖励。

　　你选择相信什么？你如何作决定？也许你的冒险倾向会左右你的思考：你是享受下注还是喜欢安全牌？也许你的时间层会告知你的选择：你是否倾向于充分利用当下，而让未来的事情自行决定？

　　或者，你也许会怀疑，有多大的概率会有一位上帝足够全能而仁慈，以至于会建造一处来世的圣所以激励对他的虔诚？看起来生命仿佛是一场有关机会的赌局。这场赌局吸引了许多数学家——最远可以追溯到16世纪——去尝试通过概率分析出答案，去令人信服地在这场赌局中作弊。帕斯卡赌注的数学论述是西方哲学史上使用正式的决策理论的首次记载，其对全新的概率论领域的贡献也是开天辟地的。随后，这些数学论述也使得熟知的钟形曲线、回归均值、主观概率、效用最大化、风险分析以及其他许多理论和工具成为可能。这些理论和工具随着时间的推移，填补了有关理性选择的经典著作。

　　无论你是否信奉上帝，你相信自己作了一个好的决定吗？你可以用什么标准去衡量这个决定呢？这些问题把我们引向了下一个需要你来回答的问题：

　　在你看来，什么才是一个好的决定？

第2章

什么是好的决定?

▼

关于这个问题,一份从多人调查中得出的答案打破了关于什么是好的决定以及我们为什么不能根据结果来评判一个决定的一些神话。

你的决定是什么?你的答案是否包含了以下答案中的至少一条?

一个好的决定:

(1)实现它的目标;

(2)从逻辑上考虑了所有可能的选项;

(3)避免思考被情绪影响;

(4)与一个组织或个人的目标和价值观相符;

(5)避免了遗憾。

如果你的答案包含了上面中的任意一条,你的状态还不错。自2008年以来,我向5个大洲至少21个国家的成千上万的人提出了这个问题,而我所收到的答案和上文所总结的出奇地相似。然而,经过十几年对提高个人和组织决策结果的研究和努力,我认识到这些答案中只有一个是真正适用于不同环境和问题领域的。猜一下会是哪一条?

让我们从上往下说,一个好的决定一定会实现它的目标吗?从跨国公司的 CEO 和高管到秘书和后勤人员,这都是我收到的最多的答案。那么如果只有一个答案是合理的,就是这个了吧?

这里让我们用一下批判性思维——我们将会很多次地用到它,

在我们判断一个决定所要达到的目标时，我们怎么确定这一定是一个最好的目标呢？从谁的角度、什么时间段去判断这是最好的？谁是判断它的最佳人选呢？甚至于决策的制定者是否在正确解决问题呢？或者说，如果有超出决策者所能控制的因素——诸如贸易战和一些环境、政治，或公司层面的诡计——竭尽全力使所选择的行动偏离其目标呢？这是否意味着他作了一个坏的决定呢？

"你无法根据结果推断自己是否作了一个好的决定，告诉自己'我得到了一个好的结果，所以我一定作了一个好的决策'是个逻辑错误。

然而所有人都是这样想的。"

——罗纳德·霍华德，斯坦福大学管理科学教授

因此，我们真的可以通过是否达到了目标来判断一个决定的好坏吗？这种方法可能就如同以一部奈飞（NETFLIX）电视剧的标题设计来判断它的优劣一样吧。

不过，我们也不能忽视这样一个事实：作为一名职业决策者 [1]，你确实会因所作决定的结果而受到评判——你的薪酬或奖金反映的是你目标实现得怎么样，以及你从中所建立的职业声望，而不是你如何实现这个目标的过程。这基本上是如今默认的现实了。

然而，长久来看，运气或糟糕的过程并不能持续影响决策结果。在第 2 章我们将探寻与目标或结果导向型决策互补的东西，即过程导向。一个好的决策是要被好的过程巩固的，在你说"有时你

---

[1] 你是否把自己视为一名职业决策者？如果你要为任何形式的组织作决策，那么你就是职业决策者了。

作出好的决定就是一瞬间，并没有什么过程"之前，我们也要探讨一下直觉和好的、迅速的决策里蕴含的机制。

前文答案里的第（2）条——一个好的决策从逻辑上考虑了所有可能的选项——又是怎样的呢？你怎么想的？这可能吗？

令人遗憾的是，一个人并不能把所有选项都考虑进来，而是只能考虑到那些他意识到的，因此我们可以马上排除这个答案。那逻辑呢？逻辑似乎很明显地在一个好的决策中扮演了非常重要的角色。"逻辑"（logic）一词从希腊语的"logos"中得来，意为"理性"（reason），它描述的是"根据严格的正当原则作出或得出的理性推断（reasoning）"[4]。逻辑对于理性（rationality）来说是基础性的，而理性则是在逻辑上被赋予理性的能力这样一种特质。很明显，这是"区分人类和动物的一种特征"[5]。

人类利用理性及逻辑去推断的能力是第一个最受人欢迎的、察觉良好决策的方法，但仅仅来自《牛津词典》里的解释还是不太全面的。

第3章

一个好的决定必须是理性的吗?

▼

赌局，然后是历史决策理论、现代决策理论和"我永远不会记得"理论。

证明决策理论以及我们的大脑并不像我们想象的那样高效。

提醒你，本书的这一部分只是为了那些少数喜欢理论或者失眠的读者。

我们来玩一个概率游戏，一个你会花费20美元的掷硬币游戏。在这个游戏里你会被要求从以下两个赌注中选择一个：

（1）有 20% 的机会赢取 400 美元，或什么也没有；

（2）有 40% 的机会赢取 80 美元，或什么也没有。

如果你算得够快，你可能已经算出来选项（1）的预期收益[6]是 80 美元，选项（2）的预期收益是 32 美元。

你会倾向于哪个赌注呢？

根据传统的决策理论，这里只有一个合理的答案：选择预期收益或者概率加权收益最高的选项——选项（1）。如果你在无论哪种情况下都选择（1），那么恭喜你，你刚刚通过了最古老的理性测试。选项（2）看起来完全不合理，但如果你要选（2）呢？或许一个收益更低但更有把握的事情更符合你？抑或者你选择不参加这个赌注呢？手里有 20 美元，你可以买份午餐和一张回家的火车票，对我们大多数人来说，为了一些预期的收益而把钱花在这个赌注上可能并不是那么合理。

最早追溯到 18 世纪早期，收益最大化很明显并不存在于所有人的日程表上。瑞士数学家丹尼尔·伯努利（1700—1782）[7]用一个穷人的例子解释了这个看起来有点奇怪的选择，这个穷人足够幸运，偶然找到了一张彩票，使他有相同的机会或者赢一大笔钱（例如 10 000 美元）[8]或者什么也得不到。很明显，参加这个概率[9]加权值为 5 000 美元的赌注，他并没有失去什么。然而，他把这张彩票以少于 5 000 美元的价格卖出去，是不是个更好的选择呢？他所处的情况意味着，对他来说，手里的 1 000 美元要比有 50% 的概率得到 10 000 美元更有价值，他从前者所获得的实际（主观）价值要高于后者。从这个例子看，从如何使所获得的钱效用最大化的角度——而不是从金钱多少的角度——去作决策，看起来是合乎逻辑的。

200 年后，决策理论家[10]改进了伯努利的预期效用理论，这次他们从数学的角度证明，一个理性的选择应遵循以下三个决策行为。

我们必须能够把一个选项所有可能的结果以我们的喜好排出顺序，并且坚持这个顺序。比如：如果相比于蓝色和黄色，我们更喜欢红色的运动衫；相比于黄色更倾向于蓝色，那我们就不应该选黄色而非红色的运动衫（哪怕黄色是当季颜色）。

如果选项之中又增加了粉色和橙色运动衫，我们仍会按照红、蓝、黄的顺序选择，而不会在有红色运动衫的时候去选蓝色。

如果有 10 件我们能穿的圣诞主题的运动衫在打折，那么选择一件红色最多的运动衫，使我们从购物中获得的满足（效益）最大化，也是合理的。

　　虽然上面这个例子听起来是很理性的,但是有点无聊,并且太过于教条,以至于并不能解释我们平时如何作决策。考虑到你可能有一个只穿黑色高领套头衫,或者每周二除了玉米饼其他什么都不吃的朋友,像上文这样的准则是不规范的。

　　这些原则可以被看作是"严格的有效性原则"(《牛津词典》,2018)或者是确保其合理性的逻辑。预期效用理论的数学证明说明,在某一个风险水平上,一个理性决策者会一直选择使他们预期收益(效用或满足感)最大化的那个选项。

　　不幸的是,哪怕在我们最理性的日子里,这一点也无法用来描述我们的决策。

　　为使得这个理论有用,决策者必须预先知道所有结果发生的概率以及他们对每个结果的看法。比如说,如果你正在玩棋盘游戏,那么,一个骰子落在 1 到 6 的概率是已知的。但是在日常决策中,我们并不总是拥有一套已知的概率,甚至并不知道在未来的某个时候我们对这些决策会有什么看法。

　　尽管存在着明显的缺陷,但它在理性和实践中都主导了选择行为将近半个世纪之久,这其中很大一部分原因是数学家和经济学家把这个领域完全掌握在他们自己的手里。他们认定这套处理方法应该被用作理性决策的指南,被用作判断一个决策里所采用的逻辑的基准,以及更进一步被用来描述人们如何在实际情况下作出决策。

　　如果他们没有把它应用在最后一条(即描述人们如何在实际情况下作出决策),那他们的这套处理方法可能就不会再有突破了。描述人类行为及其所有的矛盾和不一致之处并不是数学家所擅长的。相反,这属于心理学家的能力范畴。19 世纪 70 年代,到了心理学家参与有关决策的辩论时间了。毕竟，理论上的决策难道不应该反映到实际生活中吗？因此，决策理论第一次将心理学家、经济学家及数学家带到了同一个"游戏围栏"里面，而自那时起，他们便很好地在这个"围栏"里展开了互动。

　　有关数学决策的早期思想绝不是一个将要被埋藏于线上图书馆的错误理论，相反，它们从根本上影响了当代的决策研究，这是因为它无法模拟实际选择行为的缺陷，成了有关决策的活动大量涌现的一个跳板，包括这个很明显的问题：如果我们不是理性的，那我们是什么样的呢？

　　说我们是非理性的，就好似在说我们没有皮毛。

——丹尼尔·卡内曼[11]

　　有大量的理论涌现出来以回答这个问题，但是我在这儿不想转移话题，毕竟我们是为了探讨一个好的决策是否在逻辑上或理性上考虑到了所有可能的选项。有大量的把我们有限的理性考虑进去并且更现代的定义存在。在这些定义之中，我们被看作是局限于"有限理性"或者"满意度"之下的，而不是被归为绝对的非理性。[12]

　　除了有限的处理能力和不完整的信息（即使我们有全部的信息，也无法完全处理这些信息）的约束，在我们选择行动方案时，总会存在很多限制，比如金钱、时间、能力、情感能力、想象力和其他一些限制因素。实际上，涵盖了理性界限的经济学模型描述实际的经济行为尤其成功，部分原因是有限理性遵循了资源稀缺的基本经济学原则——只不过这里稀缺的资源是

人类的认知! [13]

这是否意味着逻辑和理性不能作为判断一个决策好坏的标准呢? 好的决策不能像我从多人调查中得出的答案所建议的那样, 从逻辑上考虑了所有可能的选项吗? 在现在这个阶段非常容易回答"是的", 并把逻辑从好的决策所考虑的因素中排除。但是也许你像我一样, 会对此感到有一点不适应。如果我们不能真正提出有关现有选项的逻辑考量的论断, 那为什么决策者会认为它对决策质量至关重要呢? 因此肯定存在着某种形式的逻辑或理性能为我们在思考时所用吧。尽管有证据反驳我们, 说如果后者不能应用到我们的决策之中, 那我们该如何相信我们的决定, 抑或是去衡量他人的决定呢? 我们怎样去判断决策的质量呢?

心理学家和行为经济学家发现, 决策者倾向于以系统的方式去打破逻辑和理性的规则。心理学家和诺贝尔经济学奖获得者丹尼尔·卡内曼、阿莫斯·特沃斯基等人的研究开辟了这样一种可能, 即决策在个人特质层面上是系统性而非理性的。即使在今天, 行为经济学这个领域依旧在提醒着我们, 决策并不是由数字、电子表格、事实、模型或计算机算法所驱动的, 而是来自一些几乎难以识别、量化或标记并因此几乎无法在其基础上改进的东西: 一个决策者个人的生理和心理资产。随着我们在第二部分为你建立一个自定义决策模型开始, 我们将会进一步探索这些限制。

完全非理性的人如何作出好的决策?

在决策中你认为什么是理性或合乎逻辑的?

当一个人被要求解释或者为某一个具体的决定辩护时, 第一步通常是解释这个选择产生的背景信息。这些背景信息为我们思考问题及寻求选项构建了一个框架。你可能对自己的薪资十分满意，但如果你发现一位和你承担同样职责的同事挣的却比你多20%，这可能会促使你离开这家公司，要求调薪或者勉强接受这个职位，因为你是一个单身父（母）亲且目前你的经济情况并不乐观。

将行为经济学与理性决策理论区分开来的首要见解是我们会根据相对定位来考虑我们的选项：相对于其他的选项，相对于过去，相对于将来的预期，以及相对于我们自己的环境背景、风险承受能力和时间范围。作决策实际上是一个十分混乱的过程，但好消息是我们并不是严格意义上的非理性，而且一些作者也都曾尝试着解释我们与理性不太完美的关系。

在本身就很吸引人的生态理性理论中，[14] 我们了解到，经常违反理性原则是一个可靠决策最具理性的基础，这是因为我们决定的质量同时取决于我们内在的标准和手头问题的性质及背景——我们会在后面的问题领域中进一步探讨。然而我不想抛弃一些用过的、经过测试的理性衡量方法，譬如了解结果发生的可能性和概率。我们仍需要一系列的事实和合理的可能性来进行探讨。在上文提到的工资案例中，哪怕我们决定采用传统的非理性路线，接受比同事少20%的工资，我们也应该先确立我们选择范围内的选项所产生的可能结果及这些结果发生的概率。

另一种更现实的理性的定义[15] 结合了一种对我们生理和心理资产——它们的优势和局限性——如何影响决策的理解，伴随着这种理解的是一些更传统的决策策略，诸如考虑选择可能产生的后果及出现这些后果的概率。

引入心理资产的概念对理解判断力和实际决策、缩小规范性

（我们应该做的）决策理论和描述性（我们实际上做的）决策理论的差距是个非常重要的补充。具体来讲，我们要考虑无意识过程（作为我们心理资产的一部分）对我们风险感知能力所带来的影响。这是否意味着如果要变得理性，我们必须了解自己的生理和心理资产对我们的决策所带来的影响？

是的，没错，但这并不像其听起来那么复杂。而且这也把我们带入了将要接受质疑的良好决策的下一个标准：好的决策避免了思考被情感蒙蔽。

你对这一点持怎样的看法呢？

第4章

我们能否避免思考受到情绪的影响?

▼

你对情绪已知的信息及相当一部分你可能不知道的信息。
共同情绪如何自我实现及特定情绪和承担风险之间的关系。

　　这是有关我们如何作决定的相当重要的一方面（这一点有大量相对较新的研究支持，这些研究为好的判断带来了必不可少的见解和想法），以至于我们接下来会用整整一章探讨情感在决策过程中的角色。就现在而言，让我们先做好基础工作，确定我们能否可以不受情绪影响而作出决策，并且检验这是否对作出好的决策有所帮助。

　　在我博士研究之初，我进行了一项试点研究。这项研究包含两部分：第一部分是有关理性以及作出没有偏见、不情绪化的决定的。在这一部分，我询问了53名高级决策者是否以逻辑的、理性的方式作出过重要的决定（我并没有提供任何有关逻辑的、理性的、具体的定义）。这些人中有70%回答"是的，当然了"。这项调查的第二部分关注于情绪和直觉在判断中的角色。在这一部分中，同一批受访者有80%觉得情绪是很重要的，并且他们经常将其纳入决策过程。从直觉上讲，这些受访者承认他们使用了这种更现代的、辅之以情绪和直觉的理性形式。

　　我们应该先弄明白什么是情绪。如果我问你这个问题，你可能会告诉我一些很常见的例子——幸福、悲伤、愤怒、沮丧，等等。

但是这些仅仅是情绪的一种表现——它们如何让我们感受? 情绪是这些感受的实际过程。[16] 举例来说,如果要感受一种情绪,你必须去经历一些事情,这些事情能引发你对这种经历的一些思考。这些想法应该把相关经历(无论多么久远)的长期记忆和你大脑及身体里的化学信息结合起来。所有这些信息在你当前的记忆里非常迅速地、不自觉地被收集到一起。只有当它慢慢浮出表面并引起你的注意的时候,你才能体会到这种感受。我们可以想象我们进入了一种恐惧的状态,或是我们会对袭击者手中的刀感到恐惧,因为我们对在我们面前挥舞一把刀、看起来可疑的家伙所存在的危险是深有体会的。

诸如恐惧这样的防御型情绪通常是自下而上的,而像同情和羞愧这种社交型情绪多数是自上而下的,是从我们对某个情况有意识的评估中产生的。[17] 所有这些情绪都伴随着我们体内化学成分的变化,每种情绪都有一个特定的化学特征。我们了解到,这些化学物质就是激素。事情到这里就变得很有意思了,因为研究者现在可以把由不同情绪状态所产生的多种化学物质的影响一对一地反映到我们对风险的感知和决策上。

我们远不能把情绪的部分从我们的推理中移除,相反,情绪被认为是我们所作出的最有意义的决定中的首要驱动力[18]。总的来说,它们在指引着我们去尝试增强幸福感和正能量的同时——你也能猜得到——也会鼓励那些避免负面体验的决策。[19] 情绪大概是我们最精密复杂的生存技术和决策工具之一,它同时影响着我们在思考什么,以及怎样思考。

情绪一旦被触发,就会通过化学物质(即激素)向身体提供一系列的指令,以提示具体的行为。由于情况不同,这些指令的强度和质量会有所差异，但都会通过运转一套经过检验的反应组来节省精神上的处理过程，这些反应组涵盖了我们的生理机能、行为、如何处理新信息的指令，[20] 以及如何沟通——这其中没有一个是需要我们去思考的。

我们是否受荷尔蒙的支配呢？

这听起来相当强大，但这可能吗？我所描述的看起来像是一种主仆关系，然而在经过 20 万年的进化之后，我们看起来不太可能仍是我们自己情欲的奴隶。当然，"奴隶"这个词本身太过刺眼，但想象一下你第一次坠入爱河的时候，你的身体感受是不一样的，你对生活的展望是更美好的，一些挑战也并不是无法逾越的——你甚至可能会觉得更有胆量去尝试一些更冒险的事情。[21] 这样一段暂时性的、正向的觉醒时期会促使你承担更多的风险，[22] 而恐惧则会使你反其道而行之。[23] 从股票市场崩盘中蒙受了巨大损失的投资者往往会进入一段抑制风险承担能力的精神低迷期。这种情况的发生可以用体内皮质醇——一种甾体激素——的水平来衡量。[24]

前华尔街交易员、研究员约翰·科茨为我们展示出，极度地暴露于这类天然固醇（比如一段长时间的焦虑期）会导致焦虑和选择性地关注大部分的负面信息、人或投入。这会使得本身很小或者不存在的威胁或风险被放大化。长期的不稳定（比如一个人职业或家庭生活中的不确定性、感情关系中的逆境、受到歧视，甚至是地缘政治）足以触发这种不断被放大的风险并改变我们的决策框架。同样，针对对抗性的市场环境，董事会上的恐惧和皮质醇水平的集体上升可能会降低决策者对风险的集体偏好，抑制风险和投资，并因此夸大那首先导致焦虑的市场环境。

　　一方面，科茨的研究表明，在男性金融市场交易员睾丸酮水平（另一种类固醇或压力激素）升高的时期，他们会比其他时候创造更好的财务回报。考虑到睾丸酮在新情况出现时会增加胆量并因此提高一个人对风险的偏好，这就不是一个令人感到意外的现象了。在金融市场里，回报仍旧取决于承担的风险，因此这些激素肯定发挥着必要的作用（当然，是适度的）。然而，长期上升、持续存在的不稳定水平使交易员进入一个未知的领域——寻求风险和刺激以及冲动，在一些研究中，[25]这导致了不合理的风险或回报的交易。睾丸酮同时也隐含在奖励和上瘾的功效里。过多的睾丸酮（比如连续获得新客户、股市牛市，甚至是一次选举团的胜利）会导致其接收者通过不断增加且愈发不理性的冒险延长这种极度兴奋。通常情况下，睾丸酮素及其效用与男性有关，但是在女性中它也存在，只不过强度较低罢了。

　　如果没有通过一个客观的视角去观察你身体里那些影响你生活的事件所发生的进化性的化学反应，就不可能把情绪的影响从你的思考中剥离出来。你不能消除发生在你身体里的化学反应，但你可以尝试着去抵消它对你感知风险的影响。有一些性格类型天生就比其他的要擅长于此。

　　我真正感兴趣的是那些日常生活中影响我们判断的细微的情绪体验，比如压力、直觉和社会关系——似乎这些情绪每天都在困扰着我们。在第 13 章我们将会探讨这个想法：我们完全不会受制于我们自己的情绪，相反，我们和情绪是一种共生关系。在这种关系里，身体和情感相互依存，以实现功能最优化。我们不需要控制我们的情绪或赶走它，相反，对这种共生关系本身以及如何滋养、维持这种关系加深了解，将会让我们获得更好的判断——尤其是在压力和不确定性这种生理过程的角色和影响都被强化的情况下。我们会在之后进一步探讨这些想法，同时给出打破一些管理大师宣言的例子，比如常常被引用的"杏仁核劫持"——它被认为会使我们的稳定情绪遭受灭顶之灾。

因此，不被情绪影响的决定就是好的决定吗？既是也不是。那些不去理解、接受它们的情绪成分的判断，并不能构成一个好的决定。接受情绪是我们决定的渠道，而试图去理解其影响和它所带来的信息则会提高决策水平。后面章节里会提到这种方法的实用性。

这就引出了我们从多人调查中得出的理论中的第四点。一个好的决策必须和我们自己或者组织的价值观一致吗？这一点是必须的吗？

第 5 章

好的决策必须和我们的价值观一致吗?

价值观会成为阻碍我们思考的偏见吗?

为什么伦理决策不一定是要做正确的事?

尝试去做一个有关你的价值观及其在作决策过程中扮演的角色的突击测试。

现在,我们验证从大量调查中得出的关于什么是好的决策的理论已经走到了哪一步呢?

提示一下,一个好的决策需要:

(1)实现它的目标;

(2)从逻辑上考虑了所有可能的选项;

(3)避免思考被情绪影响;

(4)与一个组织或个人的目标和价值观相符;

(5)避免了遗憾。

我们现在说到了第四点:一个好的决策必须与一个组织或个人的目标和价值观相符吗?

如果在 16 年前,我会毫不含糊地回答"是的"。管理大师的书告诉我,真实性是一个令人向往、鼓舞人心的领导品质,而且其根源在于始终如一地忠于自己的价值观,因此决策也应当是以价值观为导向的。然而,15 年前我从非洲搬到了东南亚,我在中国香港和新加坡度过了美好的 12 年——一边工作,一边旅行。在那里，我讲授了不少 MBA 和高级管理课程，参加课程的学员来自 18 个国家，有着 20 岁的年龄差距。我在这段时间学到了一些有关价值观的东西。有一些是非常明显的后见之明：价值观是被文化深深影响的，是会随着生活事件的累积而逐渐改变的，是可以被一个社会群体的归属需求包含的，也是很容易与欲望混淆的。

我同时也学到了一些不那么显而易见的事情，比如说，我们大多数人没办法立即清晰地表达我们自己的价值观，价值观可以取决于背景环境更重要的一点是，根深蒂固或未经核验的价值观会成为我们潜意识里过滤信息的一个框架。当强化的时间足够长，这些框架就成了那些可以使我们对自己的行为和决定产生偏见的信条。当我们受到来自不同观念的人的挑战时，我们对捍卫自己价值观的欲望会超出逻辑，因此我们会收集更多的信息来佐证自己的观点，并因此近一步投入、巩固这些信念——这被称为信仰极化。看起来这似乎是比较极端的，但是从 2020 年发生的事情来看，随着特朗普当选为美国总统，与中国的贸易摩擦愈演愈烈，以及英国脱欧[26]的全面影响日渐清晰，价值观驱动的信仰极化看起来正在一个整体层面上产生着深远的影响。

让我们来探讨一下英国脱欧这件事，你认为双方谁作出了更好的决定呢？是那些投票让英国留在欧盟的人，还是支持脱离运动的脱欧派？我猜你会选择那个和你的价值观最一致的阵营。在美国，你会是共和党人还是民主党人？保守派、自由派，还是社会主义者？你在气候变化、疫苗以及堕胎问题上持什么立场？你的价值观会引导你在这些问题上的决定,若它对你来说是正确的,这是否就意味着你作出了明智的选择？

这个领域的一些重大新闻是既有意思又令人担心的,以色列[27]的研究人员发现了我们的观念为何会如此抗拒改变的证据。对证实我们的观念并且认同我们价值观的观点的采纳,会以一种迅速而非自愿的方式发生[28],而这和我们面对那些毋庸置疑的事实时所产生的想法有着令人不安的相似性。我们并不需要去考虑事实来决定我们对它们的看法,当然也不需要停下来质疑它们。一个潜意识的点头就会使我们把没有经过质疑的观点当作事实去讨论。这种处理模式可能会限制我们思考并质疑那些先入为主的看法,而这种能力是那些理性、建设性的讨论和决策所不可或缺的。

这类根深蒂固的价值观在宗教、政治和产品营销之中举足轻重,但是一个组织里的价值观又是什么情况呢?一个好的决策会和它们相一致吗?又应该和它们保持一致吗?

随着企业删减了大量的行为和道德准则的条例,以简明扼要的行为指导取而代之,由价值观主导的组织无疑成为时下的一个热门话题。近期,有一个组织将其实施了 30 多年的详细着装规定换成了一句"在任何时候都应该着装得体"的指导意见。然而 5 个星期之后,旧的着装规定又恢复了,这让全体员工错愕不已。如今他们看起来更像是一群散乱而没什么钱的学生,而不是过去 150 年来那个保守、典型的英国企业。如何着装几乎不会影响交易的成败,但当一个组织和个人的价值观发生冲突时,决策就会受挫。

当涉及道德决策,也就是以价值观为导向的决策时,要求员工"做正确的事"并让他们一以贯之并不是一个可行的解决方案。我们的价值观决定了我们认为什么是"正确的事"。同样,根据上文所强调的问题,未经检验的价值观并不总是能作出高质量的选择。组织价值观的明确性和可执行性及对"做正确的事"的行为上的[29]定义都对成功推行任何与道德决策相关的项目至关重要。

道德决策

有一些很前沿的工作正在开展，这些工作旨在超越道德规范去设计行为决策的策略，而这些策略旨在提升组织的道德决策。[30]这些策略着眼于个体决策者，并承认决策是由情绪和环境主导的。这其中包括指出员工和组织之间价值观的差异，并提供一个框架来检验这些差异及它们对利益相关者（包含决策者）的短期和长期的影响。这些策略的核心是精心规划的组织价值观及对在行动中反映这些价值观的行为的解释。这种行为策略变成了一种非常强大的工具，可以让员工参与并授权他们代表组织作决策。企业价值观和个人决策相一致看起来是明智的，而前提是价值观本身也是如此。

安然公司曾有6年被《财富》杂志评选为最具创新力的企业，它曾是一家极其成功的大宗商品、服务和能源公司，在全球拥有超过2.1万名聪明、进取的员工。该公司长达64页的行为守则明确指出，所有员工都有责任"根据适用的法律，并以诚实、道德的方式……处理他们的事务"。在安然，员工的价值观是其做所有事情的核心，员工也被要求在以下范围内，站在公司的立场上作决定。[31]

尊重：我们希望别人怎样对待我们，我们就应当怎样待人。

正直：我们与客户及潜在客户公开、诚实、真诚地合作。

沟通：我们有义务去进行沟通。

卓越：只有在所有事情上做到最好，我们才能感到满意。

这怎么会行不通呢？

2001 年，安然公司轰然倒下，至今保持着最大的商业破产纪录。尽管它列出了一系列合理的企业价值观，但领导层抓住一切机会颠覆法律去追求短期利润和个人利益，这一点渗透到企业文化中并改变了组织所接受的运营价值观。时隔 20 年之后，让这个故事时至今日仍具有参考价值的是，这既是一场金融破产，亦是一场道德破产，同时它从根本上改变了对企业的监管方式，引导出一个商业道德的新时代。

抛开价值观和不道德的行为不谈，我们可能作出与自己价值观相悖的决定吗？当然，我们一直在这样做：我们屈从于来自同伴的压力而服从集体的决定，我们有时会因为另一个价值观而牺牲一种价值观，哪怕我们对此并不是十分舒服，或者，我们有时甚至会撒个小谎——尽管我们很看重诚实。我们可能珍视这样一个世界，在这个世界里，没有孩子饿着肚子入眠或喝不到干净的水，然而我们可能仍会把多余的钱花在享用美味的晚餐或升舱服务上，而不是去做慈善捐赠。所有这些都再寻常不过了。

你能说出你的价值准则吗？或许仅仅说出其中三个也行。

如果你感觉有些犹豫，想一想你的"反价值观"[2]——那些让你恼火或沮丧的事情，诸如举止粗鲁的通勤族或一个管得太细的老板。这些反价值观能告诉你有关你自己价值观的哪些信息呢？或许尊重并且看到他人的价值观对你来说很重要，如果这样的话，不管你的上司对你的期望如何，作出欺凌或贬低他人的决定对你来说不会很舒服。我永远不会对你说，在作决策时忽视或违背你

[2] 我从一位创新职业教练和朋友艾莉森·奥利里那里第一次听说了反价值观的概念。

自己的价值观就会得到更好的决策——显而易见，这是不会发生的。价值观和信仰就如同我们过滤信息的镜片。它们指导着我们去留意我们认为重要的东西，引起情绪上的反应。当信息与其相悖时，也会激起我们思考时伴随的化学反应。它们可以决定我们人生不同阶段的风险偏好和轮廓，忽视它们是一个非常危险的策略。

　　因此，与我们的价值观保持一致对好的决策至关重要吗？了解你的价值观，并且了解它们如何吸引注意力、引起回应、影响风险偏好，是作出明智选择的基础。如果你并不是很清楚自己的价值观是什么，那你当然不能作出和价值观相一致的决定。如果你已经很久没有浏览或检验过它们，那你怎么能知道它们可以在时间和资源的压力之下，帮你作出好的决策呢？你不能。

　　组织价值观是被更清楚地规定和描述了的。完全违背这些价值观所作出的决定永远不会是一个好的职业策略。理解组织价值观为什么存在，以及它应该如何在员工决策中发挥作用，有助于真正实现组织价值观。当然了，即使是组织价值观，也应该根据其是否仍然公正地代表组织及其员工去不断地重新审视。这些把我们带到了那份从多人调查中得到的理论的最后一点：一个好的决策能避免遗憾。

　　"问心无愧，高枕无忧"是一句伴随我一生的谚语。如果在我们面对的情况之下，根据我们所拥有的信息作出了能力所及的最好的决定，那无论结果如何，我们都不应该后悔我们的选择。但我们怎么能确定我们作出了最好的决定呢？

第二部分

02

第6章

你现在的决策过程

▼

本文将探讨你的决策过程，并将其与一个最佳实践决策框架的组成部分进行比较。

回顾一下你上一次作出的重要的或有影响力的决定，你采取了哪些步骤？你能把它们记录下来吗？

大多数人是可以的——尽管我经常被问到这个决定是个人的还是专业上的。许多人觉得这两种情况下使用的流程会有所不同。不过，这两者应该不会有太大的不同。代表一个组织所作的决策会受到更高程度的审查。你知道的，你必须去咨询利益相关方——也许是为了表明你遵循了尽职审核的程序和协议所规定的其他步骤，以便向你的同事和（或）上级证明你的决策是正确的。出于对审核的预期以及避免未能通过审核所带来的遗憾，我们倾向于更全面地阐述我们的步骤，收集证据，并在组织决策中展示我们的工作。我们个人生活中的决定往往是吸引更小范围的、不那么苛刻的利益相关方，因此决策的过程可能不会像前者一样透明、详细。在一个人不会受到决策步骤标准操作流程的限制的情况下，个人和专业的决策过程只会在它们的透明度和颗粒度上有所区别。

如果你还没有被说服，你为什么不比较一下你最近是怎样作出重要的公司决策和个人决策的呢？直觉是否在你作个人决定时更突出一点呢？更严格的审核使得你很难去证明，直觉是你所作选择的投入之一，但是它不应该阻止你去理解直觉从何而来，并将你的发现作为你辩护的数据点。我们会在之后再讨论如何做到这一点。你在自己的企业决策中是否承担了更多的风险呢？也许你的风险预算和可部署的资源更多，并且任何个人的损失都很有限。这反映出的并不是一个不同的过程，相反，这只是一个不同的背景环境，又或者作企业决策时最大的风险是来自在一个不会原谅人的企业文化中作出错误的决定，因而你选择承担尽可能少的风险，甚至把该决策抛向公司的最高层，所有这些都是作决定时非常正常的做法。就我们这次练习的目的而言，选择你最终会承担责任的决策是最有用的。

如果你还没有这么做，那么请把你曾经作决定时的过程写下来。

现在你已经清楚了自己的决策过程，那我们就来一起将其与一个最佳实践决策的框架相比较，看一看你在哪方面可以强化。该过程的这一部分总是会引起我的 MBA 学生的集体抱怨，他们会请求我干脆直接让他们交一份新的框架——他们会认真学习并在他们快速崛起和主导行业的过程中加以实践与应用。对于那些倾向于直奔主题、跳过总结并反思自己决策过程的人，我会告诉他们我对我的学生所说的一个故事——一个通过多年教学和促进决策习得的经验。

"决策是非常个人化的，它就像你的指纹一样独一无二。它反映了你的价值观、信仰和优先级。你的决策过程是由你独特的心理能力决定的：易理解的精神状态、才智、记忆力、自信心、风险偏好、个人主见（包括价值观）和时间定向。它还反映了你可以支配的资源（实物资产）：时间、金钱、信息的获取以及支持并给你提出建议的社交网络。我可以为你提供一个在社交媒体上很有价值的文章'五步作出不可战胜的决定'，但如果它不能反映出你在实际决策过程中是如何调动身心资源的，那它充其量是你自己在决策过程中强加的一个多选练习。这会是个恼人的杂项支出，也是你无论在何种压力之下首先应当丢弃的东西。"

　　紧接着的是一些经过研究和检验的观点，它们能够提升你决策的质量，但仅限于作为你现有策略的补充。选出那些吸引你的想法并把它们放入你认为最能改善决策结果的过程中。

一个最佳实践决策过程

　　一个好决定的定义通常是一个允许决策者以尽可能少的遗憾作出决定的决策过程。决策过程非常个人化，但应该包含以下成功因素中的一部分。

　　☆过程导向，而不是结果导向；

　　☆明确的决策权；

　　☆元决策（包括确保正确的问题正在被解决）；

　　☆检查问题是否在正确的框架内；

　　☆意识到你或你的团队最容易产生的心理偏见；

　　☆探寻假设和风险；

　　☆了解无意识过程在风险感知中的作用；

　　☆汇集有挑战性的观点。

　　好的决策的定义从来不会包括预期的结果是否实现了。有很多变量会影响一个决策的结果，以至于一个精心谋划的、深思熟虑的决定仍然可以导致一个不想要的或不太理想的结果，反之亦然。我们会依次探讨这些变量，让你来决定哪些可以给你目前的决策过程增加最大的价值。

第 7 章

决策中的过程导向和目标导向

赞赏决策中的过程导向，另外，如果你儿子没有问你，就开着你的保时捷出去兜风，你不应该做什么。

麦肯锡公司 [1]2010 年的一项研究分析了他们的客户从并购到组织变革领域的 1048 份战略决策，他们对成功的判断标准是投资回报（ROI）。同时，利用回归分析，他们探索了决策中哪些元素对投资回报贡献最多。从公司（和个人）在作战略决策时最初关注的领域——收集高质量的数据——开始，并对其尽可能完善，以此产生预测性、可扩展的金融模型。

他们的研究结果从某种程度上讲很令人惊讶。他们发现，数据质量和数量只对投资回报（ROI）贡献了 8% 的增长，诸如资本可用性、投资机会、市场情绪等特质变量占到了 39%，但主要的影响部分来自用来获得分析并作出决定的过程的质量。他们提供的例子包括：明确地探索重大不确定性，确保通过能力和经验而不是级别来参与讨论，以及征求并囊括与高层领导意见相矛盾的观点。通过这些措施，一个公司决策过程的质量从下到上提高 1/4，其投资回报（ROI）值提升了 6.9 个百分点。这一贡献非同小可。

构建一个决策过程是我们大多数人和大多数公司并没有真正考虑过的事情。相反，每个决定都是根据其本身的价值——依据所期望的结果或目标——进行探讨的。我们同样也倾向于通过结果来判断，因为结果更容易被衡量。当然，在任何评估当中，糟糕的结果比好结果的权重更大。另外，我们通常只会因为那些好的结果而获得奖励，因为好的结果被认为是从一个好的决策过程中得来的。实际上，这种对结果的聚焦会歪曲对风险的认知，并且会随着时间的推移导致决策能力的弱化。

提升决策结果始于从目标导向到过程导向的转变。然而，如果你到目前仅仅从一个决策的结果来判断它，那么到过程导向的转变可能并不是一个简单的心态上的转变。我们可以从一些著名人士的灵感开始，一步步来。

过程导向决策的典范

大多数决策都有一些不确定性。这就把它们归到了下注和打赌两个领域，而这些词是常常和机会与投资的游戏联系在一起的。在这种背景下，评估一个赌注的好坏就取决于其风险和机会，[2]而不是结果。因此，成功的投资者会专注于建立强大、可持续的投资过程也就不足为奇了。事实上，世界上最成功的两位投资者——沃伦·巴菲特（伯克希尔·哈撒韦公司）和瑞·达利欧（桥水基金）——都是过程驱动型决策的代表。一个投资过程涵盖着一个指导投资者为其投资组合选择买卖资产的决策标准和过程。巴菲特的这个过程存在于伯克希尔·哈撒韦公司里，而他也制定出了一个从好的投资中界定一家好的公司所必需的步骤。

巴菲特的投资过程把他的分析师限制在仅投资他深入了解并且能够透彻分析的公司。这可能看起来显而易见，但由于大量公司以多种多样的企业结构在不同地域涌现，管理层的更替越发迅速，战略变得越来越短期，这种过程变得难上加难。这个投资过程拒绝那种根据股价或新闻来交易股票，并以此快速套现的方式。它同时要求他们最初分析一家公司时，要独立于市场、情绪、政治和价格等因素的影响。巴菲特说："价格是影响一个人对一家公司评估的框架。"[3]

在很多决策过程中，你可能不会发现"了解一家公司的理性程度"是其中一个因素。在这里，理性探讨的是[4]管理层在现金流和利润上是自私自利还是想用它们来为股东谋利。他们是盲目地追随竞争对手的策略，还是有能力通过独特的定位或长期的供应来释放价值？据说构成巴菲特决策过程的是 12 条信条，其中包含许多财务指标和财务比率。我应该补充的是，在媒体上它们看起来似乎包装得过于精练——或许是为了供大众使用——但真实情况是它们可能更不固定，也没有那么结构化。

瑞·达利欧在桥水基金创立了世界上最成功的对冲基金之一，他的投资过程有一个颇具争议的行为部分，他称之为"极度透明"。它规定所有员工在他们的想法和观点上必须完全透明，并让组织内所有人都能获得闭门投资对话的录音（在监管和法律限制范围之内）。可是如果每个人都有自己的观点，你怎么知道谁的观点对你的决策更重要呢？或者你可能会屏蔽所有的观点然后自己作决定。根据达利欧所说，解决办法是依据一个人在所讨论领域的可信度来权衡其观点，他甚至开发出一套软件来做这件事。举例来说，如果讨论的是金融股，所有人都有权发表看法；但是金融分析师——尤其是他们当中最成功的那些人——的观点会被提升分量。对于在这种环境下工作所付出的精神损失有着各种各样的报道，但其产生的投资回报却是相当可观的。

在我和我的团队所探讨的所有决策过程里，透明和挑战是两个一直出现的要素。这两个要素所起作用的大小以及它们的形式取决于一个过程的目标：是推动共识，还是创造那种允许个人决策者在作决定之前充分探讨问题的激烈辩论。无论目标是什么，第一步都是建立一套储存这些协议的程序。长期来看，相比于结果导向的决策方法，这套程序更有可能产生很好的结果，尤其是在具体的决策目标不清楚或变化不定，或外部影响无法预测的情况之下。

结果导向的决策会扭曲对风险的认知和评估

什么是结果导向的决策方法呢？虽然过程导向很明显，是强调对用来探索问题领域的决策过程的发展和不断调整，它仍然必须实现一个目标。在这样一个过程中，目标就是作出最稳健的决策。在这里，解决方案是通过对问题领域的理解形成的。如果我们对观察到的问题的探索出现了错误的判断，或者有新的因素在发挥作用，那么这个方法可以允许我们更改决策目标。

在目标导向的方法中，目标是固定不变的，而其过程是专注于实现这个目标的。这样的过程可以是随机的、随时变化的，或是遵循古老的"我们需要做什么？"和"我们该怎么做？"的团队讨论。目标导向是以行动为导向，由解决方案驱动的，它不具备很强的反思性和探索性，却是非常迅速的。我并不是建议你去跟你的客户说，你的员工都不再被目标驱动了！那样只会适得其反，因为你的客户所不知道的是，决策过程中的过程导向可以更好地理解你所要处理的挑战，并且在面对快速的变化时可以更灵活地应对。

继续用我们的金融案例，困扰投资行业的众多问题之一是薪酬水平。2000 年科技泡沫的破裂、2007 年的次贷危机以及之后从

2008 年开始的金融危机，都发生在对员工薪酬实施严格的监管之前。在当时，每个投资年的目标都是实现奖金的最大化。考虑到一个人的投资生涯何其短暂，以及随之而来的巨大压力，这一点其实无可厚非。在不稳定性增加时进行短线押注，或者是利用信息流动和大众情绪进行交易，这都是一个快速提高短期回报的途径，尤其是在一个财年即将结束之际。这种从一种奖金到另一种奖金的方式对建立投资组合或业务的长期稳定性没有什么帮助。在三到五年的时间里，奖励投资者去关注他们风险加权后回报的质量，将会改变他们所承担风险的性质，消除他们在不景气时期的部分压力以及随之产生的连锁效应，同时也能鼓励他们与所投资的公司建立长期关系。同样，以新开展的业务来奖励销售团队，只会让他们关注结果，而不是去激励他们留住客户并建立关系。

在投资管理领域，建立并讨论决策过程是司空见惯的事了，但在这个过程驱动的领域之外，讨论一个人的决定背后的过程并不是一种典型的日常对话。通常来讲，当我们自己的投资组合出现问题时，我们会向自己的金融顾问或共同基金经理求助，让他们告诉我们哪里出了问题。我们期望让他们强调市场情绪、全球动荡或者其他外部事件对我们投资回报的影响，但我们很少会去剖析顾问的决策过程以及它如何从一开始就可能导致了我们的投资组合出现问题。

研究人员一致认为，我们很难通过所使用的过程去判断一个决定。一旦决策的结果是已知的，这就成了任何评估的焦点。如果有一位病人死在了手术台上，那不管这个外科医生的决策和技术是多么无可挑剔，他也不能宣布手术是成功的，这个灾难性的结果盖过了任何有关这个外科医生的决策的数据。在所有的决策中，结果要远比产生这些结果的过程令人瞩目。对结果的重视程度取决于谁来作这个判断。那么由谁来评判那个外科医生在手术室里所作的选择呢？外科医生的同事可能会认为他的操作令人佩服，但已故患者的亲人可能永远都不会接受这个"成功"的结论。并且，结果所发生的时间也更接近于判断决策这个行动，因此，相较于产生结果的过程，结果本身会对我们的判断施加更多的影响，这一点被称作"显著性谬误"。

研究还表明，对一个结果的了解可以改变人们对一个在知道结果之前作的决策的看法。我们都这样做过。拉米·马雷克因其在音乐传记片《波西米亚狂想曲》中所饰演的佛莱迪·摩克瑞角色而获得了 2019 年的奥斯卡奖。在他的获奖演讲中，他提到他并不是这个角色的首选演员，但是拿着手中的奥斯卡奖，他微笑道："但是我感觉这个结果还不错！"我猜想，这部电影的制片人也在庆祝他们自己作出了这个出色的选择，即使他们在之前曾保持怀疑态度。

在如今的工作环境中，人们通常只会观察、评判员工的决策结果。如果"决策法官"和"决策者"使用不同的框架来评估，那么他们当中要支付账单的那一方将会更有影响力。决策过程需要花时间来建立和使用。如果一个组织在判断和奖励决定时不考虑这些过程，那他们就会继续抑制决策的质量。作为一个决策过程的倡导者，我经常会面对关于如何判断一项决定的问题。经理或者人力资源部门的人应该是制定决策的专家吗？甚至于说，我们有可能去判断一项决定的质量吗？

判断你自己的选择

实际上，善于判断他人的选择是最古老的职业之一。谁会做这样一份工作呢？当然是法官了，所有的犯罪都开始于一个采取某一系列行动的选择（有预谋的，或者没预谋的）。设想一下，如果一位法官仅仅在听取了实际犯罪行为的细节（即决策结果）之后就作出了裁决，会怎样？举例来说：怀特太太用厨房里的钝器杀了一位邮递员，因为谋杀是违法的，所以怀特太太一定是有罪的。

尽管把诉讼案件缩短到了几分钟的时间，这样的简化判决也是不被接受的。我们希望法官考虑到行为发生的背景环境、导致行为发生的各种因素——包括被告方得到了多少信息、罪犯的情感状态，以及这种情感状态如何影响了决策。从法律的角度看，在大多数司法系统里，谋杀是错误的，但是谋杀是如何发生的，又是为什么发生，这些会决定相关的惩罚。他是在头脑清醒还是情感或精神紧张的情况下进行的？是有预谋的还是自我防卫的行为？幸运的是，有案例研究和法律被用来作为判断这些复杂选择的标准。而在我们的个人决策里，价值观往往取而代之，因而这些价值观常常会成为有意义的标准来判断及证明我们选择的正确性。然而，并不是每个决定都有一个道德的层面，而当我们缺少类似这样"可信的"标准来作判断时，结果往往成为黄金标准。

需要记住的是，当我们根据结果来判断一个决定时，我们会受到很多心理偏见的影响——其中一个就是损失规避。即使我们是在评判他人的决定，负面的结果也会在我们的思考过程中比正面的结果占更大的比重。

如果你十几岁的儿子偷走你的车钥匙，开着你珍爱的保时捷在半夜和他的朋友们兜风，那么可能的结果有两种：

他开车回来，没有发生事故，但你发现了他对你的辜负；

他出了车祸，把车弄坏了。

现在设想一下，你在他回来之前发现他开走了车，你可能会对他的决定作出一个判断，然后激起一定程度的愤怒，并且有可能想出一种惩罚措施，而这都是在他回来之前的事。在他回到家并给你看车祸所造成的损失时，你会作出一种不同的判断吗？很有可能。在哪种情况下你会更生气呢？是未经允许开车出门，还是未经允许把车开走并把车倒进了建筑障碍物里？如果犯罪好比是未经允许开车出门，那因车祸而增加的不公正不应该改变已有的惩罚措施，但实际上它当然改变了。产生糟糕结果（损失而不是收益）的决定远比产生好结果的决定富有影响力和拥有被媒体报道的价值，它也因此会受到更严厉的评判。

那这与采用决策过程的人又有什么关系呢？你是自己所作决定的最终裁判，你必须接受后果。如果你能根据形成这些决定的过程去回顾、判断你的决定，那你会发现从仅仅关注结果中脱离出来非常容易。对结果的专注会促使决策者关注于一个期望的目标，并以这个目标为起点用不那么结构化的方式去收集信息，探索替代方案，这会助长心理偏见、盲区和不平衡的风险评定，并且经不起推敲。

总结一下，为什么我要建议在决策中开发并建立一个流程呢？这是为了发现我们的盲区，为我们有限的记忆和处理能力留出余地，调整情感带来的影响，并抵消思维上的错误。最终，使用一个合适的决策过程应该使作决定的行为显得无关紧要。这听起来很合理，不是吗？

现在让我们回到形成稳健的决策过程所推荐的第一条原则：分配决策权。

第8章

决策权

▼

谁是决策者？这为什么很重要？

在警务部门设计流动决策。

什么是决策权和风险预算？

"我知道现在不是让他们这么做的最好时机，但是他们一定会像他们所保证的那样待在泰晤士河的南边"，他对刑侦总警司（DCS）凯文·奥利里说，"我们是世界上最古老的民主国家，我们的职责是维护秩序，而不是去决定谁可以表达他们的权利。另外，他们每个月这样一次，已经18年了。我们现在已经知道该怎么做了。"

他说的话有道理，但那天是2012年伦敦夏季奥运会开幕式的日子，刑侦总警司奥利里（他的真名）负责伦敦奥运会所有的侦察、情报和法医行动小组，他可不想转移部分资源去对付几百名骑着自行车、偏偏在今天决定行使权利发表声明的人。这些人可能没有意识到的是，在英国有史以来组织的最大规模的和平时期安全行动中，整个城市里有4万名安保人员被调动起来，部署的武装人员比当时驻扎在阿富汗的人还要多。所以，他们必须待在泰晤士河南岸，而且不能给交通带来太多的妨碍。那到底会出现什么问题呢？这是个温暖舒适的夜晚，在开幕式前几个小时里，伦敦城沸沸扬扬。监控摄像头记录下了骑自行车的人向泰晤士河蜿蜒前行的过程，他们的人数在骑行过程中不断增加。突然之间，很明显地，他们当中的一些人打乱了队形，朝着通往奥林匹克体育场的一座桥前进。另一些人很快跟了上来，恰好在女王的车队从桥下通过的时候挤上了桥。这并不是事先的计划，而去年暴乱的场景——查尔斯王子和他的妻子与他们的安全人员分散并被愤怒的骚乱者团团围住的画面——轻而易举地浮现在奥利里的脑海中。今晚会有 3.42 亿人注视着伦敦，她在游客和观众们的拥簇下灯火辉煌，为一场重大事件的展开做好了准备——而这件事可能会是一个导火索。这个时候只有很少几个可行的选项去限制这些人，但警察却几乎没有时间去执行其中的任何一个选项。他们或许可以组成一道警察人墙来阻止这些人进入奥运会区域，但这会花费很长时间，并且很可能只会让他们改道，而不能阻止他们。他们也可以逮捕这些人，但现场大约有 200 名骑自行车的人在和平集会，严格意义上讲这并不违法，仅仅是非常不方便。必须有人当场作出决定并对产生的后果承担全部的责任。奥利里知道他有这个权力，所以他毫不犹豫地行动了。"逮捕他们，逮捕所有人！"他命令道。

这本来会是一个完美的好莱坞式结局，但真实情况有些不同。奥利里有权作出那个决定，但随之而来的是他也有责任确保自己了解并接受相关的风险，确保其他人执行他的决定并有控制任何潜在的后果所必需的资源。他的决定，以及他的责任，并不是随着逮捕骑车的人的选择就结束了。他的这个决定、他的决策过程以及他授权他人执行这个选择的能力，都会受到来自同僚、政府当局以及舆论法庭的检查。

在一个繁忙的夜晚逮捕 182 个人绝非什么后勤保障队伍的壮

举。他们必须有足够多的拘留室来收容这些人，必须在该地区有足够的警察局来处理他们，还要有足够多的大巴车把他们运送到警察局。但所有这些都在很短的时间内完成了，因为在奥利里指挥下的所有人都明白他们在此次行动中的角色，并不需要去寻求许可来行使他们的决策权。

在紧急情况下，没有时间去决定谁应该作出决策。然而，至关重要的是，所有应急人员都应当向同一个目标努力，都应当确切地知道哪些决定是可以自行作用的，哪些是需要上报的并且向谁上报。谁负责作什么样的决定通常在任何政府机构里都有明确的定义，但当一个重大事件，比如一场骚乱爆发时，有权负责的人并不总是在正确的地点，有正确的信息去作出必要的决定。这一点在最坏的情况下会导致应急响应的工作陷入瘫痪，最好的情况也会延迟他们的工作，1985年10月在北伦敦爆发的骚乱就是这样的情况。对于谁能够作决策的困惑让人们意识到，在紧急情况下，战术角色要比等级更加重要，而且决定和指挥的结构都必须具有流动性，这样才会有效。

为了实现这样一个流动的指挥系统，英国伦敦警察厅开发了"金——银——铜"指挥结构。铜级指挥官直接负责所有的行动决策和对现场资源的控制。银级指挥官是战术指挥官，依据金级指挥官的策略，可以为铜级指挥官设定优先级和目标。银级指挥官可能在现场，也可能不在。而金级指挥官是从来不在现场的，相反，他会在一个远程的控制室里——不出所料，它被称为"黄金指挥部"。在这里，他可以制定处理事件的整体策略。让这种领导系统更高效的，是这些命令的颜色的分配方式。第一时间在现场的任何级别的应急救援人员会首先负责，他们使用无线电进行联络，同时他们车顶上的蓝灯会保持亮着，表明它是作为前方的控制点来使用的。一旦更多高级别的官员到达现场，铜级指挥权，连同识别新战术指挥官的反光背心都会一同传递过来。然而为确保连续性，一开始有控制权的应急人员会和铜级指挥官一起留在现场。

因为在你的组织内所作出的战术决策可能并不是清晰定义和执行的，所以你知道你并不在警察部门里。决策权是否被清楚地描述了？分配的风险预算是否与这些决策权相匹配？每个人是否都按时作出了必要的决定，并为一个容易理解的共同目标工作？一时冲动所作出的决策是否进行了汇报并接受了检查，用以获取经验教训并提高决策的灵活性？

在我被叫来负责提升一个组织的决策能力时，一份参与度，或与此类似的调查展示了一些他们集体决策中的问题。这些挑战可以囊括以下类型的决策：

☆ 缓慢的；
☆ 循环往复的；
☆ 和市场需求脱节的；
☆ 孤立的或封闭的。

它通常涉及以下类型的决策者：

☆ 被市场需求排挤；
☆ 不倾听他们组织内的专家；
☆ 不信任他人作决策；

☆微管理或刻意妨碍职工作决策的努力；

☆不能有效地传达决策背后的背景环境和原因，只能让其他人猜测。

这些错误听起来熟悉吗？你可能会列出几个你在与他人共事时碰到的挑战，或者，你可能会在自己作决定时意识到这些挑战中的某几项。在任何组织中，只有一种方法可以改善决策水平，那就是不要收集更多或更好的数据，或者构建更好的预测软件，而是去提升那些使用这些数据或软件的人的决策智慧，从而提升决策结果。

一旦你知道你在解决正确的问题，那么很重要的一点就是弄清楚谁才是决策者，并且确保他们有权力和资源去行使他们作决策的权利。就如同铜级的行动指挥一样，每一位决策者都应该清楚，在给予他们作决策的预算和其他资源上，他们能够承担多大的风险。

一旦我们知道了谁在作决定，下一步就是解决如何作决定的问题了，为此我们要介绍一下元决策。

第9章

元决策

决定如何作决定。在赢得战斗和结束战争中作出选择。羊绒服装里的数字问题以及制药企业从奈飞学到了什么。

作决定是最困难的事，也因此更珍贵。

——拿破仑·波拿巴

你知道什么是元决策 [3] 吗？

元决策就是在你投入收集信息、作出决策或解决问题之前，决定你如何作决定的一个简单行为。首先你要检查你是否在正确的框架内解决正确的问题；然后元决策会让你决定如何去解决问题——用什么工具、时间表、信息、资源，以及根据什么标准。这听起来就像是个迷你的项目计划，因为它本身就是。元决策构成了一个好的决策过程的基础——它帮助你预测挑战，使用最好的工具，并且让你团队的所有成员（如果有的话）达成共识。所有这些都能提高你作决策并实施它的速度。

"如果我只有一个小时的时间去拯救世界，我会用55分钟的时间去定义问题，然后用5分钟去找到答案。"这句话被认为是爱因斯坦说过的，因而它被广泛引用。尽管我也很希望这句话是这位伟人他自己说的，但这其实是基于一系列发表于1966年

---

[3]. 我第一次了解到元决策是在阅读爱德华·鲁索和保罗·舒马克的书《决策致胜》时。它是一本旧书，但却很精彩！

的文章的错误引用。这些文章包含了当时耶鲁大学工程系主任的一则评论[5]："如果我只有一个小时的时间去解决一个问题，那我会用这一个小时里多达 2/3 的时间去尝试定义问题是什么。"我猜想这段原稿之所以会被广泛地错误引用，是因为如果它是从爱因斯坦嘴里说出来的听起来会更聪明，同时也因为没有人会真正费力去核对引用的内容——特别是当它被粘贴在一张标志性的、带着微笑的、头发乱蓬蓬的教授的照片上时。它会被广泛误读也是因为每一名优秀的决策者或问题解决者都知道，相较于解决方案，在考虑问题上花更多的时间是多么重要。

元决策里所包含的步骤有：

☆ 正确的解决问题；

☆ 框架的构建；

☆ 方法、资源和时间的分配；

☆ 相似的经历。

作为一名咨询公司的顾问，我一直在不同组织里的不同团队工作。其中有一个团队在每周的会议上以"近况更新""本周目标"开始，之后是"下一步要采取什么行动"。随后，任务会被分配下去，所有人离开会议室去完成任务。这种行动导向的团队很适合工作，特别是在处理线性目标的时候，比如组织一次活动或者制订一份项目计划。当时这个团队正在为一个受到严格监管的行业里分布在全球的 7000 名员工设计一份决策策略。它既不是一个线性项目，也不是一个以行动为导向的项目。在日常工作之外，它还需要共享专业知识、经验、策略、研究结果、讨论以及反馈意见。但是谁会有时间做所有的这些事情呢？

持续地偏于行动而非深思熟虑会导致我们不断地兜圈子、浪费资源，并且会使业务受到阻碍。我们并不清楚我们所想要产生的整体影响以及这个项目本身所处的系统。每一个团队成员非常专注于他们所必须做的、他们能够掌控的，以及他们可以在待办清单上勾掉的事情。说句公道话，他们都非常忙碌，而这个项目是当时强加给他们的。我知道这件事情，直到他们能够回答"你在尝试解决什么问题？"这个简单的疑问之前，都不会有所好转。尽管到了了解方案的阶段，但这个跨国工作团队所有的 8 名成员还是给了我不同的答案。把这个问题提高几个等级到项目的主办方，有助于我们了解企业对该项目的想法。从这一点出发，我们可以明白要解决什么问题，这个问题在过去是如何处理的，有哪些资源，高级管理层对于何时完成这个项目的期望是什么，以及去制定可接受的目标。

随着截止日期的慢慢逼近，团队变得高度以行动为导向就不足为奇了。毕竟，只有做事才能把事情做好！如果我们确信我们在做正确的事情，那也就没什么了，但是随着决策变得更具策略性和影响力，除了花时间去深入探索问题之外别无他法。这里有个方便的小技巧：将决策会议与行动会议区分开，以便减少我们对采取行动的固有偏见。这样做有助于保护你思考的时间，并且为做任务或者分配任务创造出单独的时间。即使一个一小时的会议被休息时间分成两段各半小时的会议，一个清晰的分离也是避免一项行动渗入另一项所必需的。

这也就是元决策可以为决策对话带来结构的地方。元决策包含五个步骤，虽然这五个步骤没有先后之分，但是我推荐你从步骤一开始。

元决策步骤一：我们要解决的实际问题或想要达成的目标是什么？

在第二次世界大战期间，轴心国成员（德国、意大利和日本）拥有一个复杂的通信系统。在这个系统里，他们使用恩尼格玛密码机对摩尔斯电码进行加密。在布莱切利园里，来自法国、波兰以及后来英国的密码学专家之间的合作，使盟军能够读取大量由这些恩尼格玛密码机加密的敌方无线电通讯密码。在这些密码破译者——包括阿兰·图灵——的努力下，第一台可编程的电子计算机——它被适宜地命名为巨人（Colossus）——诞生了。巨人从德方无线电和电传机传送中所产生的情报被认为是比战争中所产生的其他任何情报都要重要，因此，这些情报不能被归为最高机密那一类，而是被归为了绝密。实际上，这些信息太过机密，以至于布莱切利园和其密码破译者的存在直到1974年才被公开。

一旦德国海军的信息被成功破译，同盟国就会掌握德国U型潜艇攻击盟军的地点和方式。这其中最大的挑战并不是组织盟军力量去阻止这些袭击的发生，而是要让它们中的一部分真实发生，确保德国军队永远不会发现盟军能够截获他们的通讯。而目标则是从战略上利用这些信息——不是在个别的战役中击败德国人，而是要让同盟国都参与能够最终赢得战争的战略作战行动中。有的时候，他们会命令盟军船只避开德军计划好的入侵行动，有时他们也会让战况激烈起来。并不是所有的破译人员都知道有一部分袭击是被允许发生的。但是，明知道这样的事实却仍要继续生活是一种超人般克制的壮举。当他们知道如果成功了，生命就不会白白牺牲时，这一切也就可以忍受了。他们知道结束战争而不是赢得个别的几场战役才是他们的目标。据说他们的情报使战争缩短了至少两年，挽救了无数的生命。

等一下，如果你并不身处于战争之中呢？如果并不存在什么问题，你的组织里事情进展得非常顺利，以至于你仅仅想利用这个成功呢？定义一个决定或新挑战的核心目标与定义一个问题其实是一样的。

元决策步骤二：我们怎样去构建问题或者核心目标？

苏格拉底被认为是提出"所有的信息都发生在观点和参照系中，所有的推理都来源于某个目标"的第一人。公元前 339 年，这位伟人因暗示权威的思想并不是永远正确的而被以腐蚀雅典青年的罪名处死了。而处死他的人也同样应该接受质询，以揭示他们裁决背后的动机。如今，我们知道并理解了这段推论里根本性的真理，以及它如何将优秀的决策者与其余决策者区别开来。毫无疑问，每一份呈现给你的信息都是经过了别人的框架以及他们自己的意图或需求过滤的。同样地，你提供给其他人的信息也是在经过了你的框架之后。那是一个什么框架呢？

以下是从 1 到 10 的一组数字，这些数字中有一个序列。对数字比较擅长的读者肯定能轻轻松松地识别这个序列。如果对于数字并没有那么在行，那无论如何也还是先试一下。

8 - 5 - 4 - 9 - 1 - 7 - 6 - 10 - 3 - 2

看出什么了吗？大部分人会觉得这个序列看起来很棘手或者根本就是无法解开答案的。我给你个提示：这是我们每天都会用到的一个常见序列。

这个提示有所帮助吗？如果你准备好答案了，那么请继续往下读……

这个问题是用数字表示的，因此它会使你从数字的角度去思考。这一点被我那句"对数字比较擅长的……"给进一步强化了——我可太狡猾了！事实上，这些数字是按照其英文的字母顺序排列的，如果你用数字框架的思维去想，就能看出这一点。当然，现在你看出来了！

一个问题是如何呈现的或者被框架化的，能够影响我们如何处理信息，使其和事实比较起来一样甚至更丰富。如果我们在多个框架发挥作用的情况下，通过一个狭隘的框架或仅仅一两个框架来探讨问题，那我们是无法作出最优的决策的。

尽管英国的法律要求商业交易要合法、诚信、真实，这种限制并没有应用到政治或者政客们身上。英国脱欧派[6]的一个主要竞选策略——一些人称之为"仇恨项目"——就是引起民众对从欧洲涌入英国的大量移民，以及他们制造出的各种事端的恐惧。这个项目的承诺是夺回对边境的控制权并将移民数量减少到一个可以接受的水平（就像唐纳德·特朗普对于边境墙的争论一样，只是相较而言不包含毒品和"坏家伙"们）。在脱欧的钟声敲响之前，从欧盟来的移民数量已经在急剧减少了。来自英国内政部（2019 年 2 月）最新的数据[7]告诉我们，欧盟的净移民人数已经下降到了 2009 年以来的最低水平。很明显这（脱欧——译注）是一次成功的运动，甚至在英国重新获得对边境的官方控制之前就取得了成效。英国人再也不用担心充满麻烦的外国人会偷走他们的工作——如果你对于这个问题被如此狭隘的框架所限定感到舒服的话。

英国一直以来都声称对非欧盟移民采取非常严格的控制，而就在欧盟的人回到自己国家时，非欧盟的净移民数量达到了 2004 年以来的最高值。整体来讲，移民数量在上升，即使是在英国脱欧之后也很可能会继续保持上升。我知道由我来举一个政客糟糕决策的例子有一点不太合适，但是这次脱欧运动的成功彰显出如此狭窄的框架是多么容易被选民群体接受。在他们这里，谷歌上一个简简单单的有关英国移民趋势的搜索就能揭示全局，即欧盟移民仅仅是其中的一部分，但肯定不是移民数量的主要驱动因素。或许他们是在解决错误的问题？问题是不断上升的移民人数？是随着英国传统的劳动密集型产业现代化而产生的再培训的缺乏，还是人们的无知？

揭示框架以及隐藏的议程可以通过问这些问题来实现：一个问题是怎样构建出框架的？从谁的角度来探讨问题或者收集信息？我们的框架有多宽（窄）？我作为个人或者团队对问题的目标是什么？当你探寻信息的时候，要对这些保持好奇：谁准备的信息？他们这么做的框架或者目标可能是什么？

元决策步骤三：我们要如何解决这个问题——方法、资源以及时间的分配？

你应该见到过这种情况：大人和小孩，在一开始并没有思考他们应该如何解决问题，甚至说他们是否应该去解决时，就已经开始着手解决一项要紧的任务。当我让一群有经验的决策者做出一个设备，可以把生鸡蛋从两米高的地方安全落在办公室地板上时，他们当中 90% 的人都认为，他们必须造出某种形式的降落伞——一个鸡蛋飞船——才能实现这一要求。

令人惊讶的是，大多数小组直接用我所提供的材料进行实验。大多数时候，规划设计或者是原型制作并未被考虑到，同样未被考虑进来的是寻找以前那些不需要清扫人员也能在会议室里完成任务的方法。几乎没有人问他们是否只能用所提供的材料，也从没有人尝试去解决一个不同的问题，比如，如何让着陆面足够柔软以支撑掉下来的鸡蛋？这其实是个更容易解决的问题——将一把标准办公椅倒过来，用我提供的气球（我提供了一袋子的好东西）做一个"蹦床"，或者抻一件毛衣在椅子的四条腿上，如果允许一定的误差的话，瞧，你的鸡蛋就可以被接住、被支撑住。尽管在你搜索"如何扔一个鸡蛋却不打碎它？"时，这种方法是 YouTube 上弹出来的第一条视频。但是在 6 年的时间里，我和世界各地的参与者进行这项实验，这一种解决方案却从未被展示过。但这并不是最令我惊讶的，而是这些高管——这些人大体上讲都是专业的决策者，但却没有一个框架去思考如何作决定或是引导他们的策略——他们只是立刻投入寻找解决方案。

当然了，鸡蛋从两米高的地方落下而不溅到地上这件事，几乎不是大部分领导在办公室里面临的挑战，所以他们不太把这当回事是可以原谅的。然而，这个活动是专门设计出来测试小组决策动态和过程的。一旦小组决定了他们所要解决的是什么问题，他们就应该去了解他们团队成员的技能和天赋并根据这些去分配职责。理论上讲，了解可用的材料、分配任务、设计原型都应当遵循这套原则，但是仅凭气球和清管器去试一试自然是个首选的方法，然而在这个活动里还未取得过成功。大部分的团队并没有按时完成，因为时间并不是他们计划当中的考虑因素。

元决策步骤四：我们可以从他人身上学到什么？

我知道，你面对的问题都是独一无二的。因为没有人走在一项科学技术的最前沿，所以从历史或其他人的错误当中学习毫无意义。你只能继续前进，犯新的错误，但不要走得太快。四处打探，看一看其他人或者其他行业所面临的相似问题是对你有利的。

作为最后手段的抗生素的市场如今正举步维艰。当细菌感染对常用的抗生素未能产生反应时，医生就会将新型抗生素这个后备计划作为最后一道防线。为了保证细菌不会对这些新型抗生素也发展出耐药性，医生仅仅可以在其他抗生素都失效的时候，短期、少量地使用它。因此，这些药物并没有大规模地量产，但是其价格仍保持在与政府抗生素定价政策相一致的较低水平（病人习惯了为癌症治疗支付费用，但是在很多国家，抗生素的价格还保持在较低的水平）。低消费量加上极其微小的定价权，使得大多数大型制药公司都不愿生产这些作为最后手段的抗生素，投资者也都远离了那些愿意在抗生素上冒险或碰运气的初创公司。然而世界迫切地需要这些药品，可是将这些药物推向市场需要高达 20 亿美元。为了解决这个难题，人们提出了一种常见的做法：提供更多的资助并抬高这些药品的价格（鉴于目前关于药品定价的争论，这个想法并不是很受欢迎），而另一个解决方案是借鉴一家和科学并不怎么沾边的企业：奈飞公司（Netflix）。[8]

奈飞公司在全球拥有 1.39 亿的用户，每位用户都在支付着月订阅费。所以，如果订阅用户在某一个周末大量观看他们最喜爱的电视剧，而在那之后什么也不去看，或者是在该月剩下的时间里转向亚马逊会员的流媒体视频服务，奈飞公司的资金并不会因此减少。这为新的内容提供了稳定的资金来源。那么如果一家医疗服务供应方能为获得新型抗生素支付一笔"订阅"费用而不管他们的使用数量是多少呢？这能够确保抗生素在刚刚研发成功且数量很少的时候，制药企业仍能够获得收益。一旦该药品被更广泛地使用后，价格就不会上升了。这种付费订阅模式已经在美国被尝试用于丙肝类药物。虽然这并不能解决耐药性感染的问题，但它为药品公司生产那些医生只会少量使用的药物提供了一种激励。

或许在你组织时，另一个团队已经克服了类似的挑战，或者克服了你所面临的挑战的某些方面。也许另一个行业、组织、国家或者团体已经用全新的方式解决了这类问题。如果他们还没有完全解决这个问题，那他们的失败是不是有可能为节约你和利益相关者的时间和金钱提供宝贵的经验？多了解一下这些并没有什么坏处。

在《决策致胜》[9]这本书里，作者鲁索和舒马克批评说：那些业余决策者把他们大部分解决问题的时间（根据他们的研究，有大约75%的时间）花在了收集信息和得出结论上，而这是建立在牺牲理解框架、思考如何决定，以及从过去（他们自己的以及其他人的）经验中学习的代价之上的。值得注意的是，一个精心构造的元决策可以节省时间和金钱。

如果你有同事或者家人（尤其是青少年）对每一个好主意都急不可耐，或者直接投身到解决问题之中，而没有停下来思考做这件事最好的办法是什么，或者甚至是到底应不应该做这件事，那么首先，在很简单的几步里认可决定如何作决策的想法，这对他们来说是受益匪浅的。而如果你认识一些从来不能下定决心或者害怕全身心致力于某一行动的人，那么元决策过程也将为他们的思考带来所必需的安全性和结构性。

这一步实际上就是检查你的想法并排除假设。一旦你清楚了你的挑战或者目标，那么接下来就要明确你可以支配的工具、可供你使用的信息和资源、应该向谁咨询，以及要在什么样的时间框架下。我曾见过非常多的团队，在离开一个以行动为导向的会议时，明确地知道他们需要做什么，但在不久后却又绕了回来，因为他们发现他们并没有去咨询、同意或通知正确的人，或者并没有充足的时间、决策权或者风险预算去应对该任务。

我们对于自己所拥有的资源或时间，以及向谁征询意见有着怎样的假设呢？这是一个好问题，同时，这也是个不错的问题：在哪里曾解决过类似的问题？我们能从中学到什么？

第 10 章

有关偏见

▼

偏见的基本知识。偏见存在的事实。

偏见训练的徒劳，以及那些听上去很聪明的有关偏见的名称。

让我们来回顾一下，我们现在在最佳实践决策框架中所处的位置。记住，决策过程是高度个人化的，但也应该包括这些成功因素当中的一部分：

☆过程导向而不是结果导向；

☆清晰的决策权；

☆元决策（包括确保在解决正确的问题）；

☆检查问题是否在正确的框架内；

☆意识到你（或者你的团队）最倾向于的心理偏见；

☆探索假设以及风险；

☆理解无意识过程在风险感知中的作用；

☆收集质疑的观点。

我们现在处在整个过程的核心部分，在这里我们必须转向那个我们思想和行动的引擎——我们的大脑。

我们丰富的大脑是资源极度密集的，它可以消耗掉身体内高达 20% 的葡萄糖供应和氧气。我们的处理器在充分意识到它自己的胃口之后，就会尽可能用一系列的节能装置来节省能量。心理偏见以及启发式（捷径）就是这样的装置。我们的大脑不仅是高耗能的，也是一个比我们想的要慢的处理器。当我问观众以下哪一个是更快的数据处理器——他们存在意识的大脑还是一部 10 核计算机（拥有 10 个处理器）时，我仍然感到很吃惊，绝大多数人选择大脑是两者中速度更快的那个。你会选大脑吗？我们倾向于认为我们拥有某种无法被机器复制且肯定无法改进的东西。但是如果我给你一张表格，上面有 100 个数字需要相乘，你会说"哦，用不着 Excel，我用脑子能算得更快"吗？我觉得不会。

相比起计算机，我们或许可以感知并处理各种更为微妙的数据，但是谈及原始处理能力时，我们的大脑只能以一台老式56 千兆调制调解器（"猫"——译注）几分之一的速度缓慢运转。还记得那个东西吗？我对它唯一的印象就是，我需要拨号到某个很远的服务器，然后等着一小股带宽流把我和互联网的慢动作魔法连接到一起。我们的大脑在处理信息时比这还要慢得多。这种瓶颈有一部分存在于我们的工作记忆中。工作记忆是我们智力中的无名英雄，是我们用来进行即时感知、信息获取和语言处理的短期记忆的一部分，它可以和你的计算机里的高速存储器相比较。高速存储器是用来储存那些你正在运行的程序的数据或者位数，从而让计算机更快地访问它们。我们的工作记忆的大小和速度与我们推理和解决问题的能力密切相关，但是科学家——用户也是一样——给出了我们工作记忆的两个根本性缺陷：它的容量非常有限，而且会像过滤器一样漏掉一些东西。你可能听说过我们只能在工作记忆里储存 5~9 条信息。我曾经对这种观点不予理会，认为它只是个传闻并且是对人类智商的侮辱，但我在各方面都错了。

　　看起来成年人似乎确实只能在工作记忆中持有有限数量的独立信息块。5或者9都不是很大的数字，但是能处理5还是9数位的信息的区别就好似在英国房地产市场上拿着50万英镑还是90万英镑消费一样。你用这两笔钱能购买到的东西迥异——50万英镑可以在伦敦获得一套两居室，而90万英镑可能买到一幢四室的半独立式住宅。工作记忆的容量越大，也就意味着可以同时考虑更多的变量。考虑到它的大小限制，储存在工作记忆里的信息必须遗漏或者衰减一部分，给新的数据腾出空间。你是否有过这样的经历：在打开冰箱时分了神，而后盯着亮得耀眼的牛奶和人造黄油却忘了你来干什么了，这就是工作记忆的衰减在起作用。

　　目击证词利用了长期记忆以及重建在高强度压力下收集信息碎片的能力，这些信息必须通过工作记忆才能变成长期记忆。一段时间以来，研究者一直在质疑，在刑事定罪中是否应该依靠目击证词。而他们的怀疑得到了DNA检测结果的充分支持，这些结果显示，在事先并不被要求准确地记录和回忆信息时，我们是没有能力这么做的。事实上，在2008年之前，在美国通过DNA测试[4]而被推翻的239项刑事定罪中，有惊人的73%的案件是曾基于目击证词的。[10] 而这是被某些人完全正常的记忆所摧毁的174条生命。

　　识别坏人可能并不在我们的日程上，但是依靠储存在记忆里的信息去作决策却通常是我们要考虑的事情。不过，有些人看起来是可以快速地在复杂和大量信息的环境中作出良好判断的，比

---

[4] DNA测试是在20世纪90年代引入美国的。

如护理人员——他们必须权衡海量的信息并迅速作出生死攸关的决定，战斗机飞行员、士兵或消防员也是如此，或者是在董事会上承担很大的压力、要对一个复杂的话题迅速发表见解的CEO（首席执行官）。这些专业人士并没有一个用来储存更多短期记忆的更大的"大脑主板"，相反，他们拥有一个有关过去的知识、经验以及决策结果的知识库，这些信息以比我们前额叶皮层（大脑意识信息的处理器）所能够处理的快得多的速度，输入他们的决策过程中。这种信息能被统一称为内心感受、直觉，或者就像一些研究人员所称的"躯体标记"。[11] 对于士兵或者战斗机飞行员来讲，他们通过很多个小时的模拟器或战斗训练，不断地训练他们的决策过程，以此来减少对于工作记忆和意识信息处理的依赖。同样，有经验的高管在他们的推论过程中，也会有很多的痛苦、成功的经验以及——但愿如此——一些对于产生这些经验的想法的反省。

不幸的是，仅靠良好的内心直觉和大量决策经验及训练的储备库并不足以克服来自一个缓慢的、资源密集的、工作容量受限的大脑的限制。为了克服这一点，我们发展出了心理捷径（或启发式）作为我们思考过程的一部分。刻板印象就是这样的一种捷径。我们能收集足够多的信息去决定我们是否要通过匆匆一瞥就相信别人。一个人的衣服、头发、文身、整洁程度、面部表情、口音以及其他任何我们能够察觉到的标记都会在我们的大脑里产生一个非常全面的形象。这是一个可能代表了一部分事实也可能什么都代表不了的简单印象。这个过程不会花很长时间，因为在我们的认知工作空间中，我们的意识输入和潜意识里的数据（观念和经验）组合在一起，形成了一种想法，促使我们在和一些人甚至没有说过一个字的情况下就根据他们的外貌特征采取一些行动。

我曾经花了一个星期的时间去避免产生刻板印象。这包括我第一次见到某个人时，不要去产生一种看法或者"感觉"。你觉得我能关掉这种启发式，并拒绝在第一眼就作出判断吗？不，我不能。尽管我尽了最大的努力，在我有机会对他们作出审慎的判断之前，我还是会接收到来自我新遇见的人的内在信息，这其中包括那些在我早上乘火车上班时恰好出现在我的视线里的人。我所能做的就是在之后用更慢一点的、理性的思考去推翻我对一个人最初的快速评估。但这还是很累人的，因此我很快就放弃了为我对陌生人的看法找借口，并把这种高强度的过程仅仅保留给我在开会时要遇到的人。而在火车上遇到的那个文身拼错了、腰带没系好的小伙子，永远都是我要避开的那个人。

行为经济学探索了我们制定日常决策所依赖的心理过程。在不断发展的神经科学和神经成像的支持下，它聚焦于我们在处理数据时产生的心理偏见和心理捷径（比如刻板印象）。现如今，在行为经济学的文献中，有超过 220 种经过研究、同业互查和记录的偏见。这些偏见都很好解释，而且一旦你知道了它们，就再也不会屈从于它们的影响了——不会再有刻板印象、锚定效应、群体偏见、光环效应，也不会屈从于"非我发明症"这种偏见。这里面有很多需要介绍的，我们开始吧？

要真是有这么简单就好了！当我第一次在一个 MBA 项目讲课时，我们曾深入地探讨了 15 种偏见。我现在甚至不记得自己是怎么选出来那 15 种的，但是我的学生都认真地学习了，并且在案例学习中正确地识别出了每一种偏见。然而令人费解的是，他们无法在自己的推理中识别它们。这似乎对于他们而言仅仅是一种理论的练习。除此之外，只有在处理了信息或作出决定之后，偏见才能从他人身上被识别出来，而到这个时候要改变结果已经晚了。提高对一部分选择性偏见的认识不会有什么坏处，但大规模的偏见培训——比如星巴克 2018 年在几起种族事件损害了他们自由主义的声誉之后，对其所有分店进行的培训——在一些评论员看来，只不过是作为一场公关活动显得很有效罢了。偏见是反映我们根深蒂固的价值观和信仰的一种捷径，而这二者都不会因为一场 90 分钟的、鼓励我们永久性改变的主题讲座而被改变。这种无意识偏见的训练旨在反对职场歧视，并把那些有意识偏见和无意识偏见[5]分开，这些偏见影响了我们对年龄、种族、性别、残疾、宗教或信仰、性别重置、性取向、婚姻和民事伴侣关系、怀孕和生育等方面的看法。

平等和人权委员会的研究（2018 年 3 月）表明，无意识偏见的训练"可以有效地减少隐性偏见，但是不太可能完全消除它"。旨在减少显性偏见或公开偏见行为的干预措施也同样产生了复杂的结果，因为人们"倾向于相信自己并未持有显性偏见的态度"。[12]这也就是为什么大型组织仍在实施硬性控制，比如对招聘和晋升的种族及性别制定目标，以及其他多元化和包容性的项目倡议，而不是单独依靠诸如无意识偏见训练这样的柔性手段。

那么，对可能会影响你的信息处理和思考的一些偏见进行阅读，又能怎样帮你避免它们呢？它实际上并不能帮你。阅读可以

---

[5] 无意识（或隐性）偏见是那些我们持有但并没有意识到的观点和看法，它们会在我们意识之外自动被激活并开始运作，影响着我们日常的行为和决策。它们受到我们的背景、文化、环境和个人经历的影响。训练对于减少无意识（或隐性）偏见会更有效果，因为它能使它们浮现出来，以提高我们的意识，并因此使我们能够控制它们的影响。

提高意识、促进反思,并给你一套标签或语言用来识别并讨论偏见。可除此之外我也不能保证更多了。所以,我有什么建议呢?是忘掉偏见并在这个我们进化的缺陷中一错再错?不,当然不是了。我会带你去看几个对我们处理信息造成最大破坏的偏见,之后你可以判断哪些偏见可能已经潜入你的思维很久了。然后我会向你展示如何调整你的决策过程,以中和那些特定的偏见。按部就班、程序性地消除偏见,对我们——尤其是对团队——来讲,要远比依靠我们的能力去记住并识别它们要高效得多,特别是在要迅速作出决策的时候。

有关偏见的真实情况

认知偏见是任何人都无法控制的。

它们源自人性的深处,不知不觉地扭曲了我们感知世界和自己行为的方式。

——CEIS,2016,智能,人类因素和认知偏见

我们先从一个思想实验开始。想象一下:你在一家临终关怀医院(身患绝症的病人住的医院)做志愿者,当你在一个周日的下午到达时,值班护士简单地描述了一下两个病人,而你要选择和哪一个病人待在一起。在某个周日,以下是你的选项:

1号病人不能自己进食,大小便失禁,情绪不稳定,不能连贯地说话,但会随意咬人。你需要给他喂食,或许还要推着他在花园里遛弯。

2号病人失忆了,她身体很虚弱,能自己吃饭,要你给她读书。

你会选谁呢？几乎我问过的所有人都选择了2号病人，只有少数的受访者选择了1号病人的挑战——他们当中有一部分人自己也有年迈的父母。现在让我来给你介绍一下这两个病人。

1号病人是个可爱的、胖嘟嘟的两岁孩子，他一边嚼着一个塑料的磨牙玩具，一边咧着嘴笑。他穿着尿布，因为他才两岁，还没学会上厕所，他咬人是因为他的新牙让他的牙龈很疼，当然，当他没有得到他想要的东西时，他就会发脾气。不过，让他躺在婴儿车里，带着他在花园里简单地遛一圈，很快就能让他安静下来。

这和你所期望的不一样，对吧？如果你想象的是一个脾气不好、具有挑战性的老人，那你不是唯一这么想的人。你可能在脑海中勾勒两个病人的图像时，并没有留下一些空白以反映你认知上的漏洞。你的大脑可以根据你从上面读到的寥寥数语来生成这些人物画像。这就是偏见在起作用，尽管在这种情况下我更倾向于用"启发式"而不是"偏见"这个词。启发式是一种捷径，而这正是我们的大脑所接受的：填补空白并给我们提供自信，以便在此基础上作出决定。

你刚刚所经历的就是锚定。在这里，我们高度依赖一些初始信息并让它们在我们的决策中占更大的权重。那你锚定了哪一条信息呢？最有可能的就是"临终关怀医院"这个词。一个绝症病人之家并不是一个典型的婴儿居住所，然而却有很多家庭遭受了这种残酷的命运。

锚定，就如同心理启发式一样，几乎存在于每一种我们需要权衡信息的情况之中。我们已知的东西会很快地、下意识地呈现在我们的面前，并成为我们思考这个问题的出发点或锚点。而我们倾向于调整、过滤那些和我们现存锚点相关的新信息。

　　在我和我丈夫从南非搬到中国香港之前，我们在岛上待了两天，并雇了一位热情的房地产经纪人去帮我们找一套合适的公寓。她知道我们的预算并且这个预算是没有商量余地的，她也知道我们对当地房地产市场（以及整个亚洲）的了解是非常有限的。她给我们看了很多我们预算之内的公寓。它们有的发霉，有的臭烘烘的，有的又小又破，有时这些情况都存在。这是出乎我们意料的，因为我们觉得自己的租房预算是合理的。很明显，我们错了。在我们快要没时间的时候，我们问她是否能给我们看更好一点的公寓。不过当然，每一间更好的公寓都超出了我们的预算。我们最后付钱了吗？当然了。那我们被耍了吗？哦，是的。在我们搬进高价的"鞋盒"之后，我们发现有很多非常好的、在我们预算之内的公寓，可是她却选择不带我们参观这些公寓。她很巧妙地为我们制造了一些虚假的锚点，以判断我们的消费能力。

　　仅仅意识到我们有内在的锚点，或者意识到我们容易被锚定，真的没有给那么多的帮助。如果我们以清晰的内在观念开始任何的讨论或者决策过程，那我们在这个话题上的锚点以及导入的锚点（其他各方希望锚定你的那些数据）就会非常强大。而这不仅仅是因为在任何谈判中设置一个初始锚点可以构成整个讨论的框架，更是因为锚定会导致一种更为隐蔽的、难以觉察的心理捷径——确认偏误。

　　2011 年 3 月，我正在新加坡的一所商学院教授为期一个学期的批判性思维课程。就在那个月，日本东北地区的海岸附近发生了一场 9 级大地震，摧毁了福岛第一核电站。这是自切尔诺贝利以来最大的核泄漏事件。随着更多关于事故原因以及之后紧急遏制核辐射的措施的相关信息被披露，我和我的学生们得以评估决策者在巨大压力和国际媒体的监督之下所犯的心理错误。这种在一顿热腾腾的午饭后，坐在阶梯教室里对别人糟糕的决策进行心理上的攻击，最后证明还是很容易的。甚至，决定如何改进他们的决策最后证明也是小菜一碟。

但是实时的批判性思维并没有那么容易或直观。所以，到了考试的时候，我把重点放在了我的学生身上。他们的小组作业题目里有一些文章，其中包括一些带有情感色彩的照片和信息，这些文章是关于福岛核灾难所带来的人类悲剧和技术与监管上的失误的。最后一道题是关于核能的：考虑到日本最近的事件，建议在全球范围内逐步淘汰核能是否合理？用任何合适的材料来支持你的答案。

你认为这些最后一年读 MBA 的学生会给出什么样的答案呢？他们当中没有一个人是核专家，因此我并没有要从他们的决定中找非常技术性的理由，而我最感兴趣的是，在缺少技术性知识的情况下，他们是如何支持自己的结论的。绝大多数小组回答，当然了，核能应该被逐步淘汰，而内容几乎全部是从最近这场灾害中引用的信息。他们选择性地忽略了世界上大多数核电站的安全性和高效性，转而锚定在那些出了问题的异常值上。他们同时也忽略了地理位置和政府监管的影响力的差异，而这些差异会影响一个核电站的安全和稳定。近因效应促使他们几乎把 100% 的权重都放在了最近发生的事件上，而很少或根本没有重视几十年间关于核能效能的数据。我所寻求的是在一个更广泛的核能讨论的背景下——更宽泛的框架下——去考虑最近发生在日本的事件的能力。

自 2012 年底到之后的一年半的时间里，我给之后的两个研究生和本科班级重复了这个案例并问了同样的问题。虽然我使用了完全一样的材料，得到的答案和理由就是一模一样的吗？当然不是了。这些学生坚定地相信核能是有益的，写下并引用了更广泛的信息来源。

那么到底发生了什么呢？在那场灾难发生后，痛苦、煎熬及巨大的生命财产损失都在新闻中分分钟地、一波又一波地传播开来。如果不想被日本正在发生的情绪及人类悲剧影响，那真的是几乎只有超人能做到。在这个时刻认为核能是未来的发展方向，在情感上讲是具有挑战性的。18 个月之后，就同一个案例，我得到了截然不同的结论。这些答案反映出了对人为失误是如何导致福岛的灾难的深刻理解，同时这也表明核能又重新获得了公众的青睐。短短几个月真的改变了很多啊！在这场海啸的余波过后，不仅仅是我的学生们陷入了诋毁核能源的陷阱之中，全世界的政治家也被迫要去为核电容量和投资进行辩护。在瑞士和德国，扩张、扩建核电站的计划被取消了——尽管这两个国家在地理和监管方面都与日本（特别是福岛）没有任何相似之处。

第一组学生成了他们在理论中非常熟悉的一种偏见——确认偏误——的牺牲品。这个狡猾的心理捷径就像一棵野草一样从心理锚点（在这里指人类灾难里的核危机）中生长出来。尽管他们都已经认同核事故是人为造成的，不是题目中发电站类型所带来的后果，但他们仍然认为核电站对人类是有害的。他们用大量的证据来证实他们的观点，却无视了越来越多与他们的观点相左的证据。

作为他们的讲师，我觉得我在这里碰壁了。如果只是能做到在学术练习中避免偏见，但在真正作决定的时候——这个时候才真正重要——却不行，那意义在哪儿呢？当你对某件事有特别的看法时，你会发现确认偏误会悄然而至，你会更重视那些与你观点一致的信息，反而低估了那些不同意你观点的人或信息。

现在想象一下，在一个寒冷的冬日清晨，你正在上班的路上经过伦敦的斯毕塔菲尔德市场。你注意到有一个魔术师正在转着一个轮盘，并把钱分发给愿意参加一次下注的路人。你停下来看了一眼。你停住了之后，魔术师把 20 英镑（1 英镑约合 9 元人民币——译注）放到了你的手里并让你盯着它。你照做了。你拿着它，随后他向你开了一场五五开的赌局，在这场赌局里你要么赚 50 英镑，要么输掉你手中的 20 英镑。你也可以带着这 20 英镑马上离开，就把它当作免费赠送的。那你会怎么做呢？

没错，这取决于你的风险预测，但这正是英国广播公司（BBC）[13]在一个熙熙攘攘的集市拿出一沓 20 英镑纸币与一位魔术师一起进行的实验。有一部分赌客获得了 20 英镑的直接收益。他们当中大多数的接收者面露惊讶地拿着战利品走开了，不太相信他们的运气。

展现给其他路人的则是不同的场景。现在想象一下，魔术师慢慢数出 50 英镑，把每张 10 英镑的纸币小心地放在你的手中。你看着一张张钞票到达你的手掌，就仿佛是一名服务员将一盘你翘首以盼的食物放到你面前的餐桌上一样。你把手放在 50 英镑上，期望听到魔术师说，如果你愿意，你可以直接拿钱走，或者留下来赌一局。然而，他从你手中把 30 英镑抽了回去，并给你一个把它赢回来的（五五开的）赌局，或者你也可以拿着剩下的 20 英镑离开。你会怎么做呢？这次你愿意赌一把吗？

你在这些赌局里的情况是一样的：赌一把 50 英镑的，或者拿着 20 英镑离开。然而在这项几乎不怎么科学的实验中，第二次测试所获得的反馈表明，路人更愿意去赌一把，赢回从他们手里拿走的 30 英镑。第一个场景里展现的是 20 英镑的收益，而大部分接收者都很高兴地攥着这笔意外之财离开。而第二个场景展现的是 30 英镑的损失，大部分赌客继续拿着手中的 20 英镑下注，希望能赢回从他们手中拿走的 30 英镑——尽管这些钱从一开始就不属于他们。

　　这就是实践中的预期理论，我已经尽我所能在未提及行为经济学的创始人——丹尼尔·卡内曼和阿莫斯·特沃斯基——的情况下探讨启发式了，这两位创始人的名字你会在第三部分看到。在那一部分我们会深入讨论决策中的理性，而正是这种对于理性的严格定义，激发了他们去思考所有他们不认同它的方式。他们之所以不同意它（对于理性的严格定义——译注），是因为他们每天都会见到那些聪明的人是如何作出与理性的黄金标准大相径庭的决策的。卡内曼注意到，效用理论在绝对水平上代表了投机的收益和回报，但他怀疑，收益中的变化及其会如何影响效用的相对水平可能在选择行为中发挥着更为重要的作用。特沃斯基以这一观点为基础，测试我们是否会在面对损失（而不仅仅是效用理论中出现的收益）时作出不同的选择。

　　实验的结果是清晰而令人惊讶的，它同时也成为预期理论的基础，也就是这项理论让卡内曼获得了 2002 年的诺贝尔奖（特沃斯基在获奖时已经去世）。在这一理论里，他们认为，通常来讲，人们在面对确定的损失时会寻求风险，而面对确定的收益时会规避风险（卡内曼与特沃斯基，1979）。我们对损失的感觉要比对收益的感觉更强烈，因此，"在确定的收益和投机之间作选择时，人们对避免损失（投机行为）的欲望超过了对保护（确定的）收益的欲望"。[14] 这被证明是人类生存的一种普遍特征，而非某种仅仅存在于金钱投机里的东西。他们推测，以收益最大化为代价去避免（从损失或其他方面带来的）痛苦是一条实用的生存策略。

卡内曼和特沃斯基的研究同时发现，我们是用情感而不是主观的效用去权衡概率的。

这也就是为什么政治竞选活动经常关注于我们由于移民或作为一个贸易或经济联盟的一部分，失去了什么，而不是获得了什么。正如我们所知，这些信号要强大得多。或许人们会冒险选一位不知名的总统候选人以规避他所说的那些从开放边境及多边贸易协定带来的确定的损失。你也同样会在金融市场交易员身上看到这一点，他们倾向于通过交易来避免损失，但也会迅速地把他们的收益存入银行。

沉没成本是实际应用中规避损失的一个例子，而不仅仅是一个货币术语。一位广告行业的客户正在纠结于是否解雇其一名高调的团队成员。我带领我的客户回顾了一遍正在探讨的基本相同的决策过程之后，他认为对于所有利益相关方来说，解雇那名员工是正确的。他会向他们的人力资源负责人咨询后开始实施。然而一个月之后，他对于这件事什么也没有做，并且很显然被事态弄得心烦意乱。

"你怎么了？"我问道。

"是这样的，我们在这位女士身上投资了很多，不仅仅是我们的股东在全面的快速培训、指导及入职方面投入的资金，我自己也和她共事了很长时间。我在她这里投入了很多，我不能就这么算了。"

那些沉没在这个"坏苹果"身上的时间、金钱和情感成本都意味着，他们更有可能继续在她改善自己的能力上赌一把，而不是及时止损。一旦我的客户认识到这是对损失的一种情感反应，而不是对现有事实（尽管对她投资了很多，但"坏苹果"终究是坏的）的反应，那么他在执行他的决定时就会更自如了。而且重要的是，他之后并没有后悔这个决定。

那这些对你的决策意味着什么呢？嗯，它意味着你对于信息是如何架构的会很敏感，就像我们其他人一样。呈现给你的信息，构成的是一个损失还是收益的框架？你会相信一个拥有"每五位病人就有一个死在手术台上"（20% 的失败率）这样记录的心脏外科医生，还是相信一个有 80% 成功率的外科医生？这里唯一的区别就是框架不同。

我们现在从赌注和心脏外科医生的讨论转移到爱因斯坦的讨论之中，我们将要讨论目前为止的最后一个偏见。

1917 年，爱因斯坦在他的新广义相对论中发现了一处小问题。他的公式显示宇宙并不处在一个稳定状态，而是一直膨胀或者收缩。但这是不可能的，因为宇宙是静态的、稳定的。他迅速地研究出一个变通的办法去满足这个事实并让星系重新获得了秩序。最初他称其为"宇宙常数"——一个引入他的理论以"抑制引力的影响"并维持一个静态宇宙的常数。

1927 年，乔治·勒梅特——一位比利时牧师和天文学家，在一次会议上找到了爱因斯坦并向他介绍了他一直在研究的理论，这个理论有一部分是基于爱因斯坦自己的计算。爱因斯坦当即驳回了他并且评论，他的计算可能是正确的，但他的物理却是糟透了！勒梅特并没有放弃而是继续研究他的想法：宇宙事实上是一直在膨胀的，那个宇宙常数是多余的。而要再过 60 年，勒梅特的观点才会被认为是目前支撑我们理解宇宙的主导理论——大爆炸理论。

如今大部分科学家承认，宇宙起源于时间和空间里极其稠密、极其高温的单一的一个点，并自那时起就一直在膨胀。爱因斯坦最终喜欢上了这个想法，并在之后把宇宙常数称为他职业生涯中最大的错误。

这时就引入了我们最后一个偏见。知道是什么吗？

过度自信

过度自信经常会被人们误以为是仅仅对他们的能力、知识、相貌等整体有一个比较膨胀的看法。大部分人认为在自信和过度自信之间有一条清晰的界限。一个人可以因为他大量的实践、经验或者准备工作而对自己完成某项任务的能力感到自信。如果你因为你之前做过，或者是数据确实可以支持你的信心，抑或你使用了一个周密的决策过程，所以知道你在做什么，那么自信是合情合理的。那什么时候自信就会变成过度自信了呢？

一个官方的定义是：当我们对自己能力的信心超过了我们的实际能力时，就会过度自信。当然了，这可以适用于过分高估我们的实际能力，或过分高估我们相较于他人的能力，以及过于确定我们的观念是正确的。很明显，我们当中的大多数人对自己伴侣的才智也是过度自信的。[15] 我们怎么可能对这种自欺欺人视而不见呢？生活一定可以给我们反馈，让我们根据自己的能力调整信念吗？我在学期的第一节课上，让我的学生写下他们认为在我的课上应该拿到什么分数。我把这些答案纸收上来并存档，直到最终成绩出来。

尽管他们从来没有上过"决策中的批判性思维"这门课，我也从来没有教过他们，但是绝大多数学生仅仅写下了他们的平均成绩，并根据他们所认为的批判性思维的难易而对其进行修改。这节课的大部分内容不是技术性的，因此成绩会被夸大 10%~20%。另外，我看起来比较好相处，而这很明显进一步夸大了他们的估量。因此，在这里既有锚定效应（锚定他们之前的平均成绩），也有对该成绩还会重复的过度自信，尽管他们几乎不知道有关这节课的多少信息。

英国历史学家阿诺德·汤因比提醒我们，就文明而言，没有什么比成功更失败。会不会是我们自动地期待过去的模式会重复，或者过去的成功会在不同的条件、不同的环境下被重新创造出来？

在政治、企业、社会和学术生活的各个角落都不乏过度自信的例子。研究证实了它的存在，但同时也提醒我们，文化和个人的个性都会影响我们对偏见的敏感性，财富、性别和专业技术也是同样的。这个偏见的破坏性是如此之大，以至于丹尼尔·卡内曼把它称为"如果他拥有一根魔杖，他会首先消除那个偏见"[16]。

那么你对于什么过度自信呢？等一下，先别急着回答。过度自信是一种生存策略、一种经常会获得回报的东西，尤其是在学者、政治家、领导人和专家中间，这使得过度自信更难被识别和根除。

大卫·塔克特是伦敦大学学院决策不确定性研究中心的教授及主任，他提醒我们，这个社会奖励并维持过度自信："我们会轻易地抛弃那些承认他们不知道或告诉我们真相——通常是说答案充满了不确定性——的领导者。"[17]作决策的一部分是尝试去想象在未来会发生什么。但其实我们并不知道，因此必须利用信息以及对这些信息和未来的感受来提出合理的叙述。为了让别人相信我们的叙述，我们要看起来很有信心并讲述引人入胜的故事。自从做了咨询公司的顾问，我经常发现自己与他们的时间、成本和效率的预估不一致，比如："这个项目会彻底改变你的组织，只会花费 X 美元，并在 3 个月里完成。"当我清楚这些目标无法实现时（多数情况是这样），我通常会表达我的担忧。虽然我从没有在客户面前这样做过，但我曾受到过威胁，被从项目中移除、被告知我不善于团队合作，而且我对我的咨询团队"没有信心"。

在咨询界里做一名现实主义者是几乎没有立足之地的，但这不能完全归咎于咨询公司。客户也同样受到时间和不断膨胀的预算的困扰，然而他们仍然继续将合同授予那些对他们的能力最有信心的咨询公司。"这个项目有 60%~70% 的可能性会成功"这样的说法完全可以接受，但是如果我向客户承认这一点，那我就再也无法在伦敦工作了！

这里真正的挑战是，除了在金融和广告这种高管可以用心理学从他们客户的偏见中获利的领域之外，在战略决策中，高管必须了解并消除自己和同事的偏见。成功做到这一点的人凤毛麟角，而最近一项有关拗口的偏见盲点偏差[18]的研究提醒我们，大多数人往往认为自己比他人更不易受到偏见的影响。

我确实明确指出过，了解偏见并不会帮你克服它们，它甚至只能帮你在别人身上而非你自己身上识别它们。你是不是浪费了过去的 20 分钟去读这一章，并且我作为你现在的作者，是不是马上就要被除名了？

在你作决定之前，记得我也曾保证过要分享一个更好的方法来处理决策中的偏见，所以就让我们先来一探究竟，而后再判断这是否对你有用。

实际行动中的偏见抨击

接下来，我们会用四种真正旨在改善团队或组织决策的策略去关注消除偏见的一些草案。

我并不知道你在受什么偏见的困扰，我几乎都不确定我自己在遭受什么偏见。因此，相比于一份根除偏见的五步计划，我会分享一些为减少偏见而产生的团队决策策略的例子，我也会采纳该领域里一些专家的建议，用以加强个人的决策。我不太信服后者的有效性，虽然它包括的内容与我们真诚地想要根除偏见有关，但这是违背我们内在的生存和思考习惯的。把它当作一个挑战吧！

以下是有关团队去除偏见策略的一些例子。

1. 投资团队维持他们的成功

B 团队是一个总部在剑桥的非常成功的投资团队。首席投资官知道这一点，他也知道，他的团队经验还不是很足，并且在和他们合作时，只有两个团队成员（老手们）经历过重大且长期的负面市场事件，比如科技泡沫破裂和次贷危机。他们的投资过程是随着时间的推移，在相对较好的市场条件下建立起来的，团队合作极为出色。可他担心在市场低迷时，他们并没有作好充分的准备，或者是他们对相互的观点可能过于适应，以至于缺少强有力的思想碰撞。在早上观察他们处理了几个决策挑战之后，我得以看到，老手们将他们自己视为团队的监护人以及向导，并因此相较于其他人会有更大的发言权，尽管他们坚称每个人的声音都能被平等地听到。其他人等着他们带头，并且非常自然地服从于他们。如果你在培养一支新的团队，而老员工们对团队的表现很负责任，这是无可厚非的；然而，B 团队应该是一支所有人都可以承担更多责任的成熟的团队。CIO（首席投资官）担心，他们对保持愉快的工作关系的渴望妨碍了他们真正挑战彼此之间的观点，而这一点最终会影响他们的投资表现。

当我和他们作为一个团队合作时，我们一同探寻发生在大脑多巴胺通路里的变化，探寻我们自己作为一个紧密团队的一员如何减缓压力、增加幸福感，以及这两点将如何继续维持团队和谐的愿望。我们还探讨了来自队友的分歧和直接挑战是如何与身体痛感沿着同一条神经通路行进的，而这也对我们为什么倾向于避免提出或接受挑战提供了有用的解释。我和英国的团队共事的经验是，他们做到了人们对于保持礼貌的刻板印象，而这是以牺牲有效的挑战和稳健的决策为代价的。这也是我在日本和新加坡的团队身上发现的一个特征，只不过是出于不同的文化原因。

由于缺乏有效挑战彼此的经验，且背负着"挑战等同于侵犯"这个隐性的文化包袱，这个团队必须学会怎样有效地挑战观点并更加信任对方。他们要学着去相信，挑战是出于对过程、对他们自己和客户的整体结果的忠诚，而不是针对个人的。

那为什么不干脆在每次会议上指定一个唱反调的代言人呢？实际上，由于它给个人带来伤害，这永远也不是一个好主意。即使你被特别要求去挑战别人，这件事本身也是很费力的。如果你不是天生就倾向于反驳别人的观点，这样做则会造成精神失调，增加你的压力，并使你觉得自己不再属于这个团队。我见过指定的"反派"如何寻找方法用最轻微的手法去挑战，从而使他们自己及他们的人际关系受到最小的影响。长期来讲，这根本就行不通。B 团队并没有选择加入一个反派代言人，而是用决策协议让他们的决策过程形式化了。

一个投资团队决策协议的例子是：不要每次仅提出一个投资想法，而是要让每位分析员同时提出两个想法，从而减少潜在的沉没成本效应、损失规避及所有权偏见。花费时间和精力研究一个投资选项会产生一种依赖感。一个团队花费在一个想法上的时间越长，就越难发现其缺陷，也越难对这个机会产生一个现实的想法。一旦我们买下一只股票并将我们与它的关系形式化，那无论它表现得好坏，我们都很难卖掉它：如果这只股票表现不佳，卖掉它就是承认我们错了（记住，我们是损失规避型的，并且相比于锁定损失，我们更喜欢在其基础上下注）；而如果股票表现得好，那中断这种关系就是赌它将不能继续为我们带来回报，可我们又是不喜欢在收益上打赌的。这个关系是很复杂的。

团队作为一个整体，可以决定要进一步探索哪个想法。提出这一想法的分析员的任务就是展示这项投资的优缺点，这可以让团队对该分析员提出的负面信息进行激烈的讨论。在这种情况下，同意或者不同意的观点都是有正面意义的，这就可以让整个团队对该投资形成一种比较平衡的看法，而不是从分析员一味地拥护它而形成的乐观的视角去看待这个投资。

当然了，这个策略适用于大部分的投资或项目。

2. 风险投资公司定义他们的优势

D团队隶属于一家风险投资公司，他们的中高风险预测在业内已经接近顶级，但是他们并不是总在那个位置。对于一家风投公司来讲，为了寻找并投资下一个具有重大颠覆性的、能够规避他们将要承担的风险的技术或产品，他们必须确保选择了一个赢家。当然，这种形式的确定性是不可能的。如果其他公司也看到了一项新技术或产品的潜力，那或许还有点帮助，这会让投资者对他们的押注稍微放心一些。然而，如果其他公司也看到了机会，那价值会随需求上涨，回报也会随之下降。有一个策略可以帮助克服群体安全或羊群心理，这就是逆向策略。

这家风投公司想要确保他们所投资的技术是一块真正稀有的且未被发现的宝石。如果他们五人投资团队里的每一个人都同意一项投资，那他们就不会要它！一个如此明显的赢家并不符合他们的风险预测，另外，如果他们都能看到这种潜力，那外面其他任何一家风投公司也都可以。他们在决策过程中正确地认识到，共识驱动的决策会反映一种低风险（低回报）的策略。为了抵消这一点，他们只会投资那些被团队里30%的人拒绝、60%的人认可的技术或产品。自然而然地，这给了团队成员完全的自由去探索一项投资里的风险并讨论其缺陷，他们知道，这种分歧是可以加强他们对一个机遇的了解的。我还要补充一点，这是一支成熟的美国团队，他们对于激烈的辩论得心应手，而且对相互的个人风险偏好和偏见都有很好的了解。

3. 改变大型制药公司的道德面貌

大型制药公司的名声都不太好。确实，这些公司为我们带来了拯救生命的药物，并不断投资于研究，以找到治疗虚弱身体的新药物，但是他们为此收取的费用经常被认为是过高的、不切实际的且不道德的。当大型药厂的贪婪霸占头条之际，一些药企正在悄悄地努力表明，并不是所有制药公司都把利润放在病人之上。今天，所有大型制药公司都拥有广泛的道德准则和以病人为中心的行动，因此在这个领域脱颖而出也是一个挑战。P公司是一家全球制药公司，它希望通过一系列从上到下、从内到外的对于它们运作方式的切实改变来转变市场上对它的一些负面看法。

每个公司都是一个决策工厂，这些决策决定的不仅仅是该组织的成功，也决定着公众对它的看法。他们知道自己已经有了优秀的员工和完备的道德体系，因而决策是他们关注的重点。那么，他们可以为自己的团队作出最合乎道德的决定带来什么呢？首先，他们不再使用"做正确的事"这句话了。作为一家大型跨国公司，对一名在中国的员工来讲，在特定的情况下做"正确的事情"和一名在巴西的员工在类似情况下所认为的"正确的事情"可能并不一样。将近一万名员工都有什么偏见？而他们在作决策时又该如何避免这些偏见？

　　价值观是在不同国籍、年代和个人之间存在极大差异的核心偏见，因此他们的道德决策过程首先要求所有员工都明确自己的价值观，并找出哪些地方与公司清晰明确的价值观不一致。领导者都受过训练去帮助员工做到这一点，他们新培训的道德决策教练也是如此。他们接下来建立了一个决策策略来帮助员工识别道德困境，确保他们解决正确的问题，找出谁是利益相关者，并探索随着时间的推移给这些利益相关者带来的影响。就一项决策向上级、有不同观点的同事以及与该决定不相干的同事征求意见，也是整个过程的一部分。这些步骤加在一起，让决策者可以彻底地探讨一个问题，检验他们的假设，并和利益相关者就当前和未来的影响达成一致，所有这些都是以同步组织价值观为基础的。这个框架真正强大的地方在于，它能让他们找出那些其他团队成员不知不觉间带入问题领域中的假设。

4. 补充简单便捷的决策

　　最后一个例子是 X 股份有限公司，它是世界上最大的制造业组织之一。他们有一个强制性的、简单便捷的决策过程，这个决策过程让他们能够跟上快速变化的消费环境。整个过程都是关于要做到敏捷且具有颠覆性，能够打破僵局并拓宽他们决策者的带宽，以此确保他们在一个 VUCA（不稳定、不确定、复杂、模糊）的环境里不会遭遇瓶颈。我个人不主张不惜代价地追求速度（也不喜欢商业术语），然而这个策略的成本就是，决策者并不需要花时间把他们的决定向下属解释一遍。可是这会破坏同事之间的信任，因为决策可能是单方面、未经协商制定出来的。他们同样也不需要告知那些他们知道可能会质疑他们并让他们谨慎行事的人——即使这些人可能是专家。不出意料，随之而来的是权力的削弱和幻想的破灭。

此外，许多员工并没有快速或单方面作出决定的信心，因此只会一步步地拖延或避免作出选择。这样一来，整个决策过程已经是支离破碎的了，但是执行一个很长、很详细的决策框架却永远都不会吸引他们。他们需要解决的问题是什么？首先，他们所有人都需要和组织的未来保持一致，以便决策者始终有同样的最终目标，并且可以据此证明他们的选择是正确的。重建信任要通过决策过程中的公开和协商来实现。一种讨论决策和风险方法的共同语言对此也是很有帮助的。他们的"简单便捷"系统增加了一些具体的步骤来延缓整个过程，这也为他们的思考引入了关键的批判性思维和挑战。我和他们商定了一个简单的框架，如下：

（1）解析决策权——谁才是决策者；

（2）检查你是否在解决正确的问题；

（3）调用框架；

（4）把假设和风险明确出来；

（5）收集两种不同的观点。

　　从上面这五点你可以看出来，元决策、识别偏见、盲区以及过去的经验都被排除在这个框架之外了。一个简单的五步框架适用于他们的快节奏文化，哪怕再多一点都会让他们的职工失去兴趣。

　　这个框架有助于决策者在作决策时更有信心，而这在很大程度上是因为他们的最终目标从作出快速的决策变成了作出有效的决策。这样一个更稳健的框架也确保了他们可以从更多个角度去检验他们的决策，更好地理解他们收集到的信息中的缺陷，并且可以更好地从框架的视角去阐述选择的原因。这个过程中重要的一步就是收集富有挑战性的观点，从而使这些观点从要被回避的东西变成要主动去寻找的东西，而这么做之后，给予和接收审查就变得更容易了。在他们与团队一起探讨风险、假设和情感的时候分享了一些具体的术语，可以更容易地让他们系统性地思考，并对这些问题展开建设性的对话。这是否让他们花更长的时间作决定呢？是的。业务会因此而受到损失吗？不会。

　　这些例子共有的特点是，他们都愿意在决策中采取过程导向。他们并没有试着去识别并消除职工之间的个人偏见，而是关注对他们来说什么结果是重要的，然后去寻找那些可能对他们的决策甚至对团队或组织的成功造成破坏的行为和偏见。你可能也意识到了，他们的第一步是要解决正确的问题。

　　那么作为一名个人决策者，你呢？你认为哪些偏见在困扰着你的决定？你的决策过程应该抵消哪些偏见？这是一个非常难以回答的问题，而且需要一定程度的坦诚和反思，还要回忆起那些作的不好的决定，可是谁又喜欢这么做呢？

第三部分

03.

第 11 章

风险和不确定性

▽

你的风险角色是如何影响你的观点的？

讲述关于风险的故事，以更好地理解它们并根除假设的工具。

这里简要回顾一下我们在最佳实践决策过程中所处的位置。记住，决策过程是高度个人化的，但是许多决策过程包含下面至少三个或三个以上的成功因素：

☆过程导向，而不是结果导向；

☆清晰的决策权；

☆元决策（包括确保在解决正确的问题）；

☆检查问题是否在正确的框架内；

☆意识到你（或者你的团队）最容易产生的心理偏见；

☆探索假设以及风险；

☆理解无意识过程在风险感知中的作用；

☆收集质疑的观点。

以风险角色为视角

所有的决策都涵盖风险——来自决策者的特征风险，可量化风险，来自假设以及我们不知道的、黑天鹅和那些潜在的风险。繁荣、萧条、银行挤兑和企业倒闭，这些都是我们复杂而高风险的政治、金融及社会环境的重要组成部分。驱动极端事件的风险经常是那些没人注意到的，或是在作决策及制定政策时无法预见的风险。尽管我们很难知道自己所不知道的事情，但是在董事会或者联合办公桌周围，想象另一种未来的能力变得越来越重要。

因为风险识别和风险管理在商业世界中如此重要，我们倾向于把所有与风险有关的事情交给风险经理和他（她）的那群精算师或博士生去做。如果个人决策者没有一种超越模型和数字的策略去应对前所未有的风险，去想象无法想象的事情，那么这些无法想象的事情会继续让我们措手不及。2007、2008 年横扫全球市场的次贷危机被很多人贴上了想象力危机的标签，政治家和政府都没有预想到可能会出现这样的后果，而之后他们都承认了这点。我试着不去和我的公司客户使用"想象"这个词，但是似乎没有其他更合适的词了。他们的风险程序没能标示出全球系统性失灵或存在银行挤兑可能性的风险，因为他们所用的风险系统是由那些不能（或是无法）想象出如此极端的金融事件的大脑编写出来的。

虽然个体金融部分的问题得到了确认，但是全球想象力的失灵，意味着没有人预测到了这场危机。

没有人停下来想一下"如果说……"。

——英国抵押贷款协会总干事，迈克尔·库根

一方面，过去和现在这两种视角限制了我们想象无法想象的事情的能力，世界上还有那么多不可知的状态，这让我们的决定充满了无法衡量、无法分配概率以及管理的不确定性。另一方面，风险从理论上讲是更容易衡量和管理的。这要求我们在对选项的

分析中，要把可能的结果和各自发生的概率分配到各个可能的选项中。然而，现实情况是，除了这些可量化的风险之外，我们的许多决定包含了这个世界上我们无法预见的状态。我们就是单纯地不知道我们不知道什么。

在一个未知的未来里，分配到任何一个可能的结果上的可能性都是主观的，而且需要预测和用推测性的叙述去证明这些可能性。但是在我们对不确定性打击自信的力量感到沮丧之前，我们先来探索一个自己能够有所控制的一类风险——我们自己，更具体地说，是我们自己的风险承受能力。明确一点，个人的风险承受能力是影响我们如何看待风险的一个框架或偏见。

我基本上一直都是个规避风险的人。事实上，我是如此地厌恶风险，以至于我过去作任何决定都很困难。因为我被这样一种想法吓住了：如果我选择了一个选项，那么其他所有的选项都将不复存在了。没错，和我逛街挑衣服或买礼物会是一种折磨，因为我总是反复纠结于买或者不买一件便宜的东西所带来的好处。我修完我的本科学位花了 8 年，这并不是因为我学得特别慢或者注意力不集中，而是因为，在没有任何职业指导的情况下，我换了 3 次专业。每一次我选定了一个科目，都会有令人难受的后悔感，并不是说那个专业可能对我来讲被证明是个糟糕的选择，而只是其他的选项可能会更好一点。在选择伴侣和职业的时候，也没有一个决策结果的心理数据库可以供我学习。在决定结婚和选择职业的时候，同样的决策瘫痪不断地遮盖住我的思考。对于前者，我寻求了心理医生来帮我作出决定。我最终说出了"我愿意"，在大约 20 年美满的婚姻之后，我很开心我当初答应了。在我的职业方面，我干脆就随遇而安，顺流而行，或者就决定干脆不要去作决定了。

正是这种令人不适的不确定性让我选择走上了有关决策的职业道路，在这条路上，我学会了将自己无意识的风险规避提升为对承担风险的有意识恐惧，它让我获得了控制权。这份职业让我探索了风险高度敏感带来的影响，以及我原先思维中存在的普通风险规避。这是各种保险公司和销售策略都乐于利用的一个特征。我知道，我支付保险费是为了把自己的生命包裹在一个保险的保护毯里，这些保险从超级全面的汽车保险到影院门票的保险，甚至是为了我儿子可能在夏令营生病而买的保险。往好了说，这些保险里的大部分是没有必要的；而往坏了说，这些从统计学上看是很愚蠢的。当我和我的丈夫为我们的家庭寻找新的机会——譬如搬到不同的国家居住（我们已经在 4 个国家、6 个城市以及 11 所不同的房子里住过了）、购买度假屋，或者给我的儿子选学校——的时候，我们对于"什么是重要的"产生的看法大相径庭，因为我们的风险角色是在整个范围的两端的。在一起生活 20 年之后，我们用这些视角来强化我们的对话并缓和我们最极端的想法。尽管我知道自己看待风险的角度是扭曲的，但是我还是无法改变它，相反，我在学着去适应它——有的时候去抵消它的影响，有的时候就干脆接受它。

然而，据丹尼尔·卡内曼[1]所言，"不要太确定"是作出好决策的第一条规则——对所有事情都不要太确定！在这里，卡内曼的意思是要让不确定性成为一种抵消过度自信和设想的工具。如果你确信选项 A 会导致结果 Y，唯一一个确定你没有过度自信的方法就是去检验你思考的逻辑，这需要怀疑精神和好奇心。我们永远不能对任何一件事完全确定，但是我们可以对自己的推理抱有信心。我理解作决策的这个过程是在我的思考中获得自信并让我的怀疑成为一个指标去指示我需要在哪里更加注意或收集更多的信息或观点的过程。

今天，我在作决定时更自如了，因为我在努力地（尽可能全面地）了解，在我所作的选择中，我放弃了什么，又获得了什么。总会有一些风险存在于那些我知道自己不知道的、我不知道自己不知道的，以及那些我无法控制的事情之中。当然了，我仍旧不能真正量化不确定性，然而从某种程度上讲，这个小哑谜（以及一个还不错的决策过程）让我更容易对自己的选择充满信心，但我应该有多自信呢？

卡内曼认为，过度自信是我们决策当中最大的威胁。当你是一名像卡内曼一样的学者时，考虑周到、小心谨慎是好的，但是犯错误、小心翼翼、规避风险的领导者并不会真正激发出多少信心。自信的领导者和我们相比，并不是更擅长预测未来，他们的决定就像我们的一样，都是在一个不确定的未来中作出的。他们更擅长的是围绕他们已知的事情展开叙述，将其推演到未来并因此制造出令人信服的另一种情况，并包含已知的风险和降低风险的策略。杰出的领导者、投资人以及校长都是讲故事的大师，他们的自信极具感染力。随着时间的推移，为了维持我们的信心，他们故事里至少有一部分必须变成现实。因此，一个讲故事的人（比如一名研究科学家）要去证明他的理论。

反驳你自己的理论似乎看起来毫无意义。但是在良好的决策中，推翻理论和叙述也有其重要意义。尝试着去推翻我们自己的想法给我们反对锚定、确认偏误和"相信自己的废话"型偏见提供了一些"武器弹药"。好吧，最后一点是我编的，不过是作为过度自信一个时髦的同义词罢了。推翻我们自己的想法这一点可以这样实现：让一位团队成员想出继续支持一个项目的理由，而另一位找到放弃它的理由。举例来讲，一位（勇敢的）CEO 可能会让一个团队找出他 5 年战略规划中的不足和假设。而一个联邦调查局（FBI）的团队在调查一桩备受瞩目、极具挑战的案件时可以分成两组：一组去收集无罪的证据，而另一组去收集有罪的证明。

一旦我们向自己过度自信的倾向妥协，并爱上了自己的故事以及它们所预测的那个世界，那么卡内曼[2]建议我们用一些确凿的数据测试一下我们认为我们知道的东西，并重新审视一下自己决策的逻辑。

或许可以问一下，如果你对于 A 会导致 Y，或者 Y 比 X 更可取这两点没有那么确定，那你还有其他的选项吗？你是否考虑过一个与你所偏好的截然不同的结果？你的选择背后的假设是什么？

基本比率现实

行为经济学家和统计学家普遍提出的另一条建议是，对基率或是你用作锚点的假设提出质疑。比如说，如果你相信那些给自己打工的人比那些朝九晚五在公司上班的人挣得更多，也更快乐，并且这种想法也驱使你幻想着自己去创业，那么在你辞去你现在的工作之前，你可能要先去验证一下你的假设。在你的行业领域里有多少专业人士？他们当中又有多少是自由职业者？这一数字是在增加还是减少？他们平均能挣多少？收入是如何随着时间的推移而变化的？让自己成为一名自由职业者需要多少年？他们对自己的收入是更开心了还是更有压力了？你理想的客户对他们要签合同的组织规模有最低要求吗？这包括自由职业者吗？

　　或者设想一下，你得了一种病，而现在给你提供了一种药物，这种药物有治愈超过 1 万人的惊人纪录。这听起来不错，但是我们只有在知道了全部接受治疗的人数之后才能对其作出判断。如果有 10 万人接受了治疗，但只有 1 万人痊愈，看起来并不乐观。所以，对统计数据中内置的基本比率提出质疑是识别假设的好方法。

　　决策通常开始于由内而外地了解决策、了解我们的选择以及它们对我们的影响这样一个过程。而从基本比率和统计数据出发，则让我们可以从一个由外而内的视角开始，这种视角的框架更宽，个人的看法也更少一些。但是，基本比率假设是最温和的一种假设。我们一起来看看其他种类的假设。

假设：从虚构到现实

　　我的客户之一是一家全球包装公司。我从他们那里学到了很多关于包装和塑料的知识，而这远远超出我的想象。但情况并非一直如此。作为一个绝对的局外人，我能够标记出一些在他们的思维中相当隐蔽的、根本不会停下脚步去质疑的假设。在处理他们有关可持续性的决策中，有些事情对他们而言就是理所当然的，比如说，塑料瓶需要塑料标签和塑料瓶盖（次级塑料是重要的污染物）的"事实"；永远会有一个塑料包装饮料的市场的"事实"，以及无论品位和价值观如何变化，他们庞大的全球拥护者的下一代也会和现在的消费者一样，忠于他们的品牌。通过指出这些假设并质疑它们，未来的风险可以被清楚地凸显出来，创新的种子也可以被撒下。

　　"假设"在我们的决策中扮演着明星般的角色。它有时来自现状，有时来自我们未知的事情或者还未更新的理念。它们是我们经常创造并重复的故事，以至于有的时候在我们的思维中，它们慢慢演变成了"事实"。

这几个简单的问题有助于揭示那些藏在我们推理之中的假设，但是，像往常一样，只有在比较诚实的情况下，这些方法才会有效。

☆什么是我（们）知道但不能证明的？

☆什么是我们未经质疑就接受了的？现状是什么？

☆什么是我们不知道的？

最后一个问题其实并不偏题，它指的是我们编造故事以填补知识空白的能力，指的是讲一些冠冕堂皇的甚至可能被信以为真的故事的能力。如果我们能够承认自己确实不知道一件事情的真相，或者该事件会如何发展，或者利率在两年之后会变成什么样子，那么，我们的对话质量就立刻提高了。

把一款新机型推向市场会面临很多挑战。波音 737 Max 几乎是根本性创新的一个完美案例，它拥有飞行员们早已熟悉的驾驶舱和操作系统，几乎不需要什么调整或者训练就可以驾驶。尽管这些特征很令人熟悉，它还是进行了一次内部检修以提高效率。在其首航之后的 3 年里，有 346 名乘客在两起不同的、本可以避免的事故中丧生。责任直接来源于这些内部调整，但是仔细观察，机器并不是罪魁祸首，责任应该归咎于其工程师、试飞员和 FAA（联邦航空局）的两个相同的假设。在 2019 年 6 月，《纽约时报》[3] 将这些假设公之于众：

"在该飞机完工前一年，波音把这套系统做得更有侵略性和冒险性。尽管最初的版本依赖于来自两种传感器的数据，最终的版本里仅使用了其中一种，这让这套系统缺少了关键的保护。在两次注定要失败的飞行中，飞行员手足无措，而这一个受损的传感器在几分钟的时间里把飞机带入了无法挽回的俯冲状态，导致346 人死亡，并迫使全球的监管机构停飞 Max 飞机。"

这些传感器被安放在机头附近，经常被鸟类和舷梯（可移动的楼梯）撞击或损坏。直到现在，两个传感器都可以把信息输入内部的系统，以弥补仅有一个传感器时产生丢失或损坏的情况。自然地，波音和联邦航空局的员工都假定他们这个系统仍然依靠着多个传感器传回的数据。他们也相信，这个系统几乎不会被激活，这也是为什么一个有缺陷的传感器产生的影响从未被测试到。而这两个假设都是许多关于设计、认证和培训的关键决策的基础。

"'这完全没有道理'，一位曾经在 Max 上工作过的试飞员说，'我希望我能知道这件事的详细内容。'"《纽约时报》2019 年6 月 1 日报道。

如果你足够敏锐，你就会发现假设就在你身边。但我要建议你，仅仅根除那些会影响你的决策和幸福生活的假设，而不是去根除你人生道路上每一个偏离了的假设。个人经验告诉我，这并不是受大众欢迎的。

世界状态

你还记得第三部分里关于一个理性决策者的定义吗？估计你不记得了，因此我们来回顾一下吧：从理论上讲，一个理性决策者在特定的风险水平下会选择可以使他们的预期效用（满意或收益）最大化的选项。如果让这个理论变得实用，决策者需要知道结果发生的概率，举例来说，如果你在玩一个棋盘游戏，那么，一个正常的骰子落在 1 ~ 6 每个数字上的概率是已知的。然而，在日常决策中，我们并不总是有幸拥有这种客观存在的概率。

1954 年，伦纳德·萨维奇将预期效用理论扩展到了那些实际发生概率的结果是未知的情况中。这种主观预期效用理论（SEU）允许概率受到假设和决策者的想法的影响。比如说，如果你正在为买新房子而申请抵押贷款，你可以算一算各个水平的利率会如何影响你的还款以及现金流动，你也可以看一下这些利率水平发生的概率是多少，而这是基于你（或你的顾问）对抵押贷款期限内的经济形势的看法。没人能知道未来 20 年里的经济发展如何，因此这些概率只是一个由想法推动的猜想罢了。但是，如果你知道自己不能长时间支付高水平的利息，那你可以测试一下自己应对极端经济事件的能力，从而决定你是否愿意冒这个险。

这样做可以让你作为一名决策者，区分哪些是在你控制之内的，哪些不是，从而量化你的不确定性。

利率是一个你无法控制的外部变量，因此它可以被看作是你决策中的一个随机变量。而你创造收入和其他未来的财务承诺的能力是在你控制之内的但不确定的变量，这些已被归为不确定的因素。

一旦这种区分明确了，现代决策理论就会提供一个极好的建议来帮你作出选择：把一个决策场景拆分成行动、世界状态和结果。世界状态指的是一种可能的场景，它也许会呈现并产生出一个独一无二的结果，而这个结果带来的影响是独特且无法为决策者所掌控的。行动代表着决策者可行的选择。它们和每一个世界状态相互作用，产生出能映射到一个矩阵中的独特结果。这些结果可以沿着效用曲线（根据偏好排序的列表）排列，见表 1。

表 1 偏好排序表

	世界状态 1	世界状态 2
行动 1	结果 1	结果 2
行动 2	结果 3	结果 4

行动 1 可能是买一套完全在你预算之内的房子，但随着家庭的扩大，你不得不扩大房子的规模。行动 2 可能是用比你计划内更大的一笔债务买一套你现在梦想的房子，而这套房子足够和你未来某一天计划拥有的家庭一同居住。

世界状态可以反映出你在不同水平下可能支付的利率、房地产市场 5 年后的状况，或者你是否开始创业以及这会如何影响你的收入（结果）。真正的神奇之处在于，猜想一下每一个结果的可能性有多大，以及你是否可以经受得住相关的风险。尽管这里并没有完全正确的答案，但是你如何对这些可能性或概率进行打分和评级，皆取决于你自己的风险承受能力。

量化每一个可能出现的决策状态和所有可能改变结果的影响是个相当艰巨的任务，尤其是因为这里面有一些是不可知的，或是发生在一个理论上无穷的组集里的。如果我们真的不能对未来作出完全明智的决定，我们是不是应该只凭直觉呢？毕竟，事实证明，直觉在实践中要比在心理实验中好得多。[4]

答案并不完全是。随着那些可以计算的问题逐步被交给人工智能和机器分类并解决，剩下的是那些没有单一正确答案的挑战。高管将会更多地只去处理那些模糊不清和充满了不确定性的并且超越了算法所能消化的问题。在此情况下，我们应对未知的能力、讲故事的能力以及把风险偏好转换成倾向和观点的能力，让我们可以去应对日益复杂的环境。

在下一章，我们会一起探索直觉和情感是如何帮助及阻碍我们的思考的。不用说，在这种世界状态下，直觉作为一个独立的决策工具通常来讲是不够的。用一系列工具和理论去质疑我们的数据、思考、假设、风险感知和心理捷径，在成功的事业甚至生活中已经不再是可供选择的了。

第 12 章

我们都是布兰登 · 梅菲尔德（案例学习）

认识一下好人、坏人和美联储。

用你所学的知识给联邦调查局（FBI）打分。

凌晨 3 点，他又一次在床上醒了。从草坪上又传来了同样的噪声，无形的声音听起来仿佛是脚步声或从树林里悄然传来的沙沙声。在那个星期里，每天上班的路上，他都会看到同一个大胡子男人站在车站咖啡馆附近的那个角落。那个男人的眼睛隐藏在黑黑的墨镜之下，似乎在追踪他穿过站台的过程。他怀疑自己被跟踪了，这时他路过报刊亭，报纸头条一闪而过：在马德里的一场恐怖炸弹袭击——西班牙的"911"事件——中，有至少 200 人丧生，数千人受伤。起初他以为自己只是杞人忧天。难道是自己一年多前在一场监护权之争中帮助了一名塔利班支持者这件事又回来困扰他了吗？

凌晨 4 点，院子里低沉的声音更多了。每一天，他都更加确信自己被监视着。他妻子离开家时打开的门在她回来时是锁着的。房子里的一些小物件放得乱七八糟，他的浴室里有一把梳子，客厅里有一只钟表。他向安拉祷告，祈求家人的平安。毕竟他什么也没有做错，也没有什么值得惧怕的。

这就是布兰登·梅菲尔德在 2004 年 5 月 6 日时的状态，就在那时，两位联邦调查局（FBI）的特工敲响了他在俄勒冈州波特兰市律师事务所的门。一开始他们表现得很有礼貌，只是想要向他询问几个问题，但随着他们最终在一纸逮捕令的掩护下强行闯入时，布兰登知道事态变得很严重了。他不久后了解到，在西班牙恐怖炸弹袭击的现场附近，人们在一个炸药包上发现了指纹，那份指纹和他的几乎完全一致。

梅菲尔德为了和他的埃及裔妻子莫娜成婚，改信了伊斯兰教。他曾在一起儿童监护权的案子中为一名被判有罪的恐怖分子做辩护，这给他提供了和恐怖组织联系的方式，并且在他的电脑里还有更多对他不利的"证据"，譬如有关"飞往西班牙的航班"和"飞行课程"的搜索记录。另外，他在美军服役期间曾接受过战斗训练，并且他的指纹也是存入档案的。那么梅菲尔德一定是恐怖分子吗？而 FBI 肯定抓到了他们想要的人了吗？

布兰登·梅菲尔德是一名律师和 4 个孩子的父亲，他用自己的时间和专业知识来帮助那些无法支付高昂诉讼费的人。他的护照早就已经过期了，而且他已经 10 多年没有离开过美国了。尽管如此，联邦调查局还是仅凭一名独立的法医专家的观点，找到了确凿的证据来指控他。这名专家被请来核实联邦调查局的调查结果，而他的结论在很大程度上会决定梅菲尔德的命运。那么，这个人一定能发现联邦调查局分析中的错误吧？而这一切肯定都是个巨大的错误吧？不幸的是，法医专家也断定，在西班牙所发现的背包上的印记确实就是被告的指纹。联邦调查局的报告表明，"百分之百核实过了"。现在整个司法系统的结论都板上钉钉，但是他仍然坚称他是被冤枉的。

值得注意的是，联邦调查局的指纹鉴定员遵循的是一项"单一差异原则"，即一枚潜在指纹（被鉴定的指纹）和一枚已知的指纹之间如果存在一项差异，则必须宣布是不匹配的，除非鉴定人员有很充分的理由不这么做。潜在指纹识别是需要以100%的确定性为标准的。因此，那4名不同的指纹鉴定员都宣布100%确定，炸药包上的指纹和梅菲尔德的完全一致，没有一点差别。

　　但是西班牙政府并不这么确定。在梅菲尔德被拘留两星期之后，有消息称西班牙警方一直在通知联邦调查局，他们找到了另一个与炸药包上的指纹相匹配的人——一个阿尔及利亚人。他们的犯罪嫌疑人有令人信服的动机，并且当时确实就在西班牙。有了这个新消息，联邦调查局不得不放了梅菲尔德。那么联邦调查局怎么会错得这么离谱？

　　前中央情报局（CIA）员工、美国国家安全局合同工爱德华·斯诺登曾经公开表示过大众监视的危险，这既有道德层面也有执行方面的原因。一个巨大的停滞的数据池（现在称之为数据湖）可以让任何拥有必要许可的人反向挖掘信息片段，找出那些可以证实当时的理论的数据，并创造出一个看似说得通的故事去支持它。我不常使用"许可"这个词，因为现在我们知道，我们的数据是被大规模收集的，并且被服务提供商随意使用。任何一个拥有足够数据的人都能重新塑造局部以符合整体，或者是在我们的故事里创造出一个离题的情节。

　　梅菲尔德案之所以非常引人注目，是因为尽管缺乏确凿的证据，仍有很多"专家"相信他是有罪的。看起来似乎有足够的信息可以供这些官员挑选出对他不利的、符合案情的事实。他们受到了一次比较公开的确认偏误的影响，并且受到了面前大量"事实"的帮助和唆使。结果表明，他们的思考工具并没有像他们应该的那样敏锐而精确。不过，好在西班牙警方在这起案件中起到了平衡的作用，可是对于那些只能依靠于单一机构、团体甚至是个人的决策的案件，又会怎么样呢？

仅从这个简短的场景里，你能找到支持梅菲尔德有罪的理由吗？

从"我能证明他是有罪的吗？"或"我能证明他是无辜的吗？"这两个框架出发去看这个案例，就会改变你所关注的信息，比方说，你是关注指纹的相似点还是不同点。如果你现在去寻找支持他是无罪的原因，那你会得到一份不一样的清单。

2006年，官方发布了一份处理梅菲尔德案件[5]的审查报告，其结果发表在了一份330页的报告里。这份报告表明，联邦调查局通过证明他是有罪的这个单一的框架去收集并评估证据，却因此而忽视了相互矛盾的证据。如此备受关注的案件在第一时间就被交到了3名联邦调查局法医鉴定员的手里，因此，任何外部鉴定员对他们的判断所产生的疑问都很难被证实，并且从职业的角度上看会引起反感。

那么在他们开始调查之前，一个元决策又如何能够帮助他们作好准备、安排妥当呢？问一句"我们在解决什么问题？"以及"我们将如何着手去做？"将会很有帮助。如果他们有机会阐明一下他们解决问题背后的意图，那么听起来可能会是这样的："我们要抓住干了这件事的恐怖分子，越快越好。"或许在第一枚匹配的指纹被找到后，他们可能会听到："现在我们知道是谁干的了，去抓住这个笨蛋吧！"我承认，我对于联邦调查局官员的讽刺有一点陈词滥调，但是你明白我的意思。更有帮助的方法是，他们本可以从好几个角度进行调查，并从中收集能够证明有罪和无罪的证据，特别是在这样一个备受关注的案子里。西班牙警方告诉联邦调查局的实验室，在匹配潜在指纹和梅菲尔德的指纹的问题上，他们得到了否定的结论，但这一点也被无视了，调查人员也就失去了一个可以找到他们错误的机会。[6]

在这个故事里，你还看到了哪些心理偏见？

过度自信。在联邦调查局实验室里，从他们对于自己的数据库和鉴定员[7]的优越性的过度自信，到他们编造令人信服的故事来解释指纹中的不规则，过度自信都出现在他们的伪装之下。

锚定和确认偏误。这里，对指纹的核实受到多方面的"污染"，有来自对最初鉴定员结论的肯定（锚定），有来自梅菲尔德曾作为一名有罪的恐怖分子的律师代表的事实，也有他在现场调查中得出的事实，包括他的宗教信仰——伊斯兰教（确认偏误）。这些偏见也可能导致在对鉴定结果的准确性提出合理的质疑之后，鉴定员未能充分地重新考虑核实的结果。

该案件中的一名法医人员在总结框架效应时补充："如果他是另一个有着不同过去的人，我们根本不会去考虑他。"[8]

第13章

无意识过程

情绪并不需要我们，但是我们需要它们：一份关于情绪混合物的菜单，以及它们如何通过偶然的、特定的和遗传的情绪影响我们的风险感知能力。

另外，还有我们在开发和管理它们时所扮演的角色。

早在1872年，达尔文就观察到了情绪表现在驱动行为方面令人陶醉的力量，这种力量超越了意志和理性所产生的力量。[9] 到了20世纪80年代，人们提出[10]，情绪能够既独立于也早于认知思维而发挥作用。近些年的影像研究[11]也证实，情绪确实能够独立于或在预料到认知思维的情况下起作用。不过，不经过思考就说或者做事情仍然不是坏行为的合理借口！一旦我们能够意识到自己的情绪，那么从理论上来讲，我们应该根据它进行行动或者去抵消它的影响。我们对自己的情绪——有意或无意地影响决策的潜力了解得越多，我们就越能更好地掌控局面。

这个领域的研究在过去的10年里呈现出爆炸式的增长，但是我发现一些想法在实际应用中比理论上更有用。比如说：了解影响我们思维的情绪的起源；情绪对我们风险感知能力的影响有多具体；直觉是从哪里来的，它在我们的决策中应该扮演什么样的角色；还有最后一点，男性和女性想法真的不同吗？这一点在我们个人和团队决策中会有什么影响？正如你所看到的，这是一个让我着迷的领域，而且它对我个人和职业方面的决策都十分有用，更不用说对那些由我全世界的客户所作的决策了。

作为风险来源的情绪：了解影响我们思维情绪的起源

情绪是身体的语言。它会告诉你和别人你自己身体的感觉，也会拦截从外面进来的信息，并发出一份把进化中的先例置于其他通信形式之上的指令。情绪比理性推理和讲话更快，但是你无法区分哪些是真实的、哪些是想象出来的。你可以读一本小说或者看一段 30 秒的 YouTube 视频，然后体会到所有范围的情绪，甚至于在之后很长时间里都让这些情绪影响你的行为。它是这种对外来刺激——不管它"真实"与否——不分差别地反应的能力，它能让我们在模拟的环境中探索情绪对我们所作决策的影响。

随着客户源源不断地参与进来，我和我的团队创建了两家相互竞争的公司，作为参与者占有并作决策的代理组织。所有的细节都创造出来了，从企业精神到品牌、财务报表、企业社会责任使命、客户档案、广告宣传、供应链以及法务和合规性政策。这一切都感觉很真实，500 名参与者在这些机构里待了半日，去解决我们给每个部门布置的决策挑战，而我们则要去观察他们作决策的行动。这些情况并非都是真实的，但是在他们互动过程中产生的挫折感、误解、缺乏沟通和假设，都能在今天的组织当中找到完全相同的情绪。强烈而真实的情绪被压缩在了一段很短的时间内。情绪有很多途径可以影响我们的决策，而在这次的实验中也有几个主题[12]浮现出来。

整体情绪影响决策

整体情绪是那些从情境本身中产生的情绪。举例来讲，在上述场景中，把非财务人员安排到虚构的财务部门会立刻影响他们对挑战和所呈现数据的感受。离开他们的舒适区，会促使他们作出更冒险的还是更保守的决策呢？不出所料，一个人对自己的角色越没有安全感，他们在作决策时（平均来讲）也就会承担越少的风险。

这些由现有选择产生的整体情绪，强烈并且经常性地在塑造着决策。[13]

我们同样发现，如果有的人被要求和自己并不喜欢的同事一起工作，那么他们的团队决策就会变慢。而感觉被过多的信息搞得不知所措，或者是由于时间太少而不能完全处理这些信息都会产生同样的影响。这些情绪影响都是下意识发生的，并且它们的出现纯粹是对一个特定情况的反应。身处于一个紧张的环境中，比如准备一门考试，或者经历一场离婚，都会从根本上影响一个人决策的方式。

偶然情绪影响决策

你不仅仅会被某一种情境下的情绪冲击，也会受到从以前的情况遗留下来的情绪的影响。如果任其发展，只要是那些化学物质还在流过你的身体，这种情绪残留就可能会影响你的判断力。

我的一个朋友，在他和伴侣的关系意外破裂的那一天，他收到消息——他在加州一场著名的演讲比赛中获得了一个决赛名额。作为一位内向的、在很多个国家和遥远的地方生活过的外籍人士，他在遇到他女朋友之前一直是个孤独的流浪者。他们两个人的关系虽然短暂，但是他对自己现在感受到的孤立和孤独又一次要变成现实充满了痛苦。在他开始准备他的演讲时，他无法跳过孤独这个话题，于是他决定用比赛中分配给他的时间去展现他的这段经历。他之所以能在这场比赛中到达现在的位置，是因为他曾过着有趣的生活，有许多鼓舞人心的故事，而这并不是其中之一，并且很有可能会让他错失奖项。我对他的建议是情绪框架可能会影响他的判断，但这被他驳回了。我不确定他作的选择正确与否，但是他缺少决策的能力。他在没有承认自己的情绪、确认偏误和近期偏差的情况下就作出了决定。他的判断是被蒙蔽了的。我建议他或许可以拟定第二个主题，并和其他演讲者一起检验一下，但是他不想这么做。

一旦依附于决策目标，整体情绪就可能对我们的判断产生不当影响。[14]

特定情绪影响决策

如果一天晚上我们在酒吧碰面，要了同样的鸡尾酒，那杯鸡尾酒里的化学物质就会和我们独特的生理机能产生反应，以微妙的、不同的方式去影响我们的心情和身体。第二杯鸡尾酒会放大这种效果。到了第三杯——算了，这个我还是留给你自己想象吧。情绪可以被认为是不同的化学物质或荷尔蒙的鸡尾酒（混合物），每一种都有独特的配方。后者与长期记忆和工作记忆相互作用，创造出存在（或觉醒）状态，影响我们思考的内容和方式。

如果情绪具有持续影响我们荷尔蒙的特征，那么我们就更容易理解这种影响的本质及其在我们决策中的影响。人们认为情绪在我们的身体里起着协调的作用，[15] 会触发一系列的反应让我们对问题或机会快速作出反应。特定情绪就像计算机程序里一行行的代码一样，携带着特定的对不同情况发出普遍反应信号的"行为倾向"[16]，比如，愤怒会触发攻击性，厌恶会触发回避性。这些是以目标为导向的反应 [17]，在引发该情绪的情况得到解决之前，它们会一直影响我们的判断和决策。情绪不仅会引发内在的反应，也会作为我们看待或评判未来事件的一个视角。当我们感到恐惧时，风险就会被放大，无论这是否恰当合理。而当我们生气时，我们则倾向于对自己影响结果的能力更有信心，从而低估了风险。

我有一个培训客户，就让我们称她为库马拉，她是一名非常资深的高管，在原来的公司工作了 12 年之后她来到了一家新公司。她之所以跳槽是因为新公司给她提供了一个新的机会去建立一个全新的部门，并给她提供了 3 年的资助金来度过初创期。在她打造新团队并培养新能力的 4 个月之后，管理层发生了变动，公司有了新的优先事项，而她的部门也被剥夺了优先级。我就是从那之后开始和她接触的。毫无疑问，她很生气。她觉得自己对雇用她的人轻而易举地违背承诺感到失望。我很快意识到她的愤怒还会持续很长一段时间。一周又一周，我们都在进行对话，在谈话中她阐述了公司是如何"不再支持她"，以及她相信自己不久之后就会被解雇。几乎每次和同事交流的时候，她都能找到延续这些情绪的火苗——电梯上有意或无意发表的评论，未被邀请参加社交聚会，秘书的岗位调整，或者是回复时间过长的邮件。

愤怒的影响

作为一名决策教练，我必须关注别人作的决策，而非我对这个人的感觉，但是和库马拉一起工作却变得很困难。我一直觉得她在通过一种被迫害情结去过滤所有的信息，但是我并不会这么轻易就放弃，因此，我开始研究愤怒是如何影响我们对世界的看法的。那么愤怒给我们制造了一个什么样的框架呢？我是怎么知道她首要的感受就是愤怒呢？因为她一遍又一遍地说着这个词，我和她的对话记录上都是这个词。我在几项研究中找到了改变我们对愤怒的理解的答案，我也因此可以帮她专注于她对不同情况的感受，而不是她应该如何回应。

设想一下煮三锅汤的场景。每一锅汤都有不同的汤料作为其味道基础。或许一锅是鸡汤，另一锅是牛肉汤，第三锅是蔬菜汤。你还可以在每锅汤里添加完全一样的蔬菜、肉类和香料，但是根据所用汤料的不同，每锅汤的味道又会有细微的差别。就像汤料一样，情绪会影响我们处理信息和体验事情的方式。每种情绪添加一种特定的味道，再通过一些科学家的努力，我们就可以继续更多地了解每一种情绪的微妙之处。

库马拉的愤怒情绪让她相信，她的麻烦是由别人造成的，这降低了她准确看待风险的能力，甚至会让她承担更多她本不该承担的风险。尽管如此，她对自己的事业仍保持积极的态度，而她的愤怒驱使她采取了行动。尽管她相信是其他人造成了这个问题，但她还是要解决它。在她的感受和行动中，她意识到愤怒给我们的思考和行为带来的"味道"——它会减少我们对风险的敏感度，会让我们更加相信是其他人导致了我们的麻烦，并且会增加我们对自己能够影响解决方案的信心。简单来说，愤怒把我们变成了战士，[18] 不管我们的性格是以怎样的方式反映出这一点的。想想路怒症或者激情犯罪，两者都体现了这些特性的极端。

恐惧的影响

如果相反，库马拉最担心的是丢掉工作，那么不出意外的话，她的反应就会表现得有所不同了。当涉及风险感知的时候，恐惧会导致对情境结果的控制力减弱，并且我们会比那些愤怒的人在同样的场景下观察到更多的风险。这会推动我们谨慎行事，或许比我们需要的还要谨慎。这些情绪会影响我们准确判断信息、数据，甚至是其他人的能力。

悲伤的影响

和恐惧一样，悲伤也会强化一个人感知事件的倾向，让他觉得事情超出了他的控制范围，自己无力影响结果，即便现实情况与此完全不同。与恐惧不同的是，研究[19]表明，悲伤导致我们为了寻求更大的回报而承担更多的风险，并希望自己能够从沮丧中解脱出来。你可能会意识到悲伤中对损失的规避。还记得那句话吗？面对损失时追求风险，面对收益时规避风险。

情绪不仅影响我们思考的内容和方式，也影响我们思考的程度深浅。处理深度反映了我们在一种情绪的影响下，对一条信息里的各种元素关注了多少。我们是更多地关注传递信息的人（位高权重的人、专家、朋友，或敌人、总统，或无名之辈）还是信息本身？我们是被框架和表面的环境困住，还是深耕于此，更深入地思考内容？

卡内曼的《思考，快与慢》一书中描写了这两种信息处理的形式。在很多我们没有时间参与漫长讨论的情况下，"启发式"或快速思考是有用的；相反，信息的上下文环境要比其内容更能影响我们的思考。我们让自己的思维在很大程度上被启发式线索（心理捷径）影响，诸如专业知识、信息来源的吸引力或好感度、刻板印象或者信息的长度而非质量。[20] 这还包括在具体的某些信息上锚定，它让我们在不需要运用太多的大脑处理能力的情况下就可以直接得出结论。愤怒、幸福以及厌恶都助长了这种启发式过程。正如你现在所设想的那样，悲伤和恐惧的作用正相反，它们促使人们深入思考信息及其意义。

我知道，这里有很多需要消化的知识，表2是一份从大量研究中编制出的表格。关于这个非常有意思的话题，我要推荐勒纳等人在2015年发表的一篇论文，题目恰如其分地被称为"情感和决策"，而这篇论文可以在《心理学年度评论》上免费获取。

表 2 情绪调查表

情绪	愤怒	开心	恐惧	悲伤
风险敏感度	低	低	高	高
寻求风险	高	—	低	高
相信情况的出现是因为别人的行为	高	低	高	高
相信自己有能力影响结果	高	低	高	高
处理深度	低	低	高	高

数据编自勒纳等人（2015）

情绪是丰富数据的来源

克里斯·沃斯曾是美国联邦调查局国际绑架案谈判的代表，他训练出了一张喜怒不形于色的脸，把所有情绪的痕迹都隐藏了起来，并且把人从问题中分离出来。但是他在这一领域的经验教给他，情绪在成功的谈判里扮演着关键角色。在为《时代杂志》[21] 撰文时，他问道："当问题出现在人们的情绪上时，你要怎么把人和问题区别开来？"他接着回答道："情绪是阻碍沟通的主要因素之一。一旦人们对彼此不满，理性思考就会被抛出窗外。这也就是为什么优秀的谈判者会识别情绪并施加影响，而不是否认或无视它们。"

你难道不同意，通过对我们的情绪如何影响自己思考的了解，我们会更有可能按照事情本身，而不是我们想要它们成为的样子去看待事情吗？

当古希腊哲学家亚里士多德说出这句话的时候，他说到了点子上："任何人都会生气——这很容易，但对正确的人，以正确的分寸，在正确的时间，为正确的目的，以合适的方式生气——这不是每个人都能做到的。"3 000 年后，我们才开始明白，真正的情商不是首先控制甚至利用情绪，而是去解锁情绪所包含的智慧。当涉及作决策时，情绪的作用就像是信息过滤器，并不是那么难以提取的丰富的数据来源。

我的一位同事曾就职于一家正在重组商业结构的法务合伙企业。那里的律师被指责在与新客户打交道时缺乏商业头脑，而且一直得不到有利润的收入。他们认为，解决方案就是让这些人参加"非金融专业人士的金融课程"的培训项目。但这真的是问题所在吗？律师当然都很聪明并且肯定是懂得利润的，那他们为什么要通过选择数量而非质量，刻意地去妨碍自己拿到奖金呢？在解释这个情况时，我的同事强调，这其实在公司里更是一个有关情绪的问题，很多员工都怒气冲冲。财务人员被律师无视，感到情绪低落，而后者则觉得参加一个明显毫无意义的、只是打打勾的培训让他们感到压力很大、工作过度并且心情沮丧。

我的问题是：这些感受可以用数据来描述吗？如果可以，这些数据又可以被用来获得解决方案吗？这些律师真的忽视了财务团队和他们的建议了吗？他们这样做是因为他们真的压力大、工作过度，还是仅仅因为不愿服从？

他们开始收集数据，通过寻找有关压力和过度工作的证据来支持这些情绪，诸如不断增加的员工流失率、旷工、加班以及律师的病假和无薪休假，他们最近是接待了更多的客户还是获得了更少的内部支持？

事实上，对于这些问题的答案几乎全部是肯定的。他们对压力和挫折的感受都反映在了数字上。加班时间增加了，但同时病假和无薪假也变多了。那他们忽视了财务团队吗？并没有，一部分人回复邮件希望能推迟培训或者把培训形式变得不那么消耗时间，比如线上项目。另一部分人则强调他们已经有充足的财务培训了。可为什么他们要在利润更低的情况下接受更多的业务呢？或许这才是真正的问题所在？进一步挖掘之后，我们发现他们的KPI（关键业绩指标——译注）在最近被总部的人力资源部门更改了，所以现在新的业务流比利润占比更多了。

当我们作决定时，总会对自己手头的选项产生一种感觉。但这只是一种预感，通常并没有什么确凿的数据来支持它。那你会怎样对待这种感觉呢？你要如何利用它作为你考虑的参数？

然而，我们无法一直用数据来支撑自己的感觉。有的时候我们单纯觉得这不是个好主意，这仅仅是一种直觉。有时你会感觉一件事情不太对，但你就是无法指出来问题在哪儿。无论是正式地还是非正式地，直觉在我们的决策中都扮演着重要的角色，我和其他人的研究都证实了这一点，但是我们很少听到高管站起来说某项交易或者企业战略是通过"预感"选择出来的。

这种情况发生在应急救援人员——包括消防员、医务人员和警察——身上就是另一回事了。他们的角色要求快速地作决策，而直觉是一个有效且必要的决策输入。就像企业高管一样，应急救援人员的经验越丰富，他们的直觉就越准确。我喜欢把直觉分成两种我们大多数人经历的方式：作为身体上的感觉和作为未经提示就呈现给我们的无意识见解。

那些认为智慧是年龄的副产品的想法都是无稽之谈。随着我们在一生中不断经历作选择带来的或好或坏的结果，就会带来决策结果的不断累积。那段经历的质量以及我们从中反思并成长的能力带来了智慧，所以是很难得出"随着年龄的增长更要相信直觉"的笼统教导的。当然了，我们在一个特定领域的经验越丰富，我们的心理洞察能力就越准确、越可操作。这些洞察是以有意识沉思的速度的几分之一出现的。一个拥有多年经验的高管通常会比一个新手能更快地作出充分的决策，因为前者拥有更大的决策结果储备，可以在无意识层面，甚至是在通过理性思考去考虑事实之前被提取出来。由于多年的经验，老练的消防员可以仅通过观察火焰就能了解火灾的性质（火的温度和深度），而新手仍必须分别去评估每个部分，这会花费更长的时间。

应急救援人员和战斗机飞行员不断接触到的信息都比在有意识水平下能处理的要多，因此他们必须极大地依赖自己的直觉去采取行动。确保自己的直觉准确且实用并不是一件他们可以交给时间和经验积累的事情。模拟是训练本能的黄金标准，模拟得越逼真越好。就像情绪一样，本能和直觉不会过度地区分事实和虚构，因此模拟决策和试错法判断可以增加我们的无意识智慧及洞察的储备，它们也被称为"躯体标记"。

安东尼奥·达马西奥的躯体标记理论（somatic marker theory）[22]提出了一种机制，在这种机制里情绪过程可以指导（或偏差）行为，尤其是决策行为。他和其他人提出，情绪与身体（希腊语中的 soma）内在的感觉相关联。这些躯体标记指导我们向最有利的结果去思考。在我们面对复杂或自相矛盾的选择时，我们有限的认知处理会变得超出负荷，而在这个时候，这种躯体标记就变得尤其有用了。

你的躯体标记是从一生的经历中进化而来的，这些经历受到来自你的个人偏好、框架和你找回自己的特定情况的影响。你在这些情况下所作的选择（包括怎么做的、说的什么、做的什么、注意谁、注意什么）会导致或有利或不利的结果。根据这个理论，对这些结果的记忆和相关身体及情绪的感觉一起储存在了记忆里。举例来讲，一个好的选择结果可能会与心跳轻微加快、皮肤泛红相关联。这种多维度的记忆随后会被储存起来，以便在之后面对类似情况时能够被重新经历一遍。

躯体记忆会在无意识中被唤醒，并且以比有意识的记忆快得多的速度去影响你看待新选择的方式，以期把你带向更有利的解决方案。就日常决策而言，对所有可用选项进行详细的认知探索可能会导致决策失效。我们并没有相应的认知能力（抑或时间）去处理所有的选项，并且我们的大脑也可能跟不上速度，这时躯体标记对我们就会有所帮助。

相比消防员或战斗机飞行员，我们有更多的时间作出好的决策，但是可以供我们使用的从过去经验中获得的信息储备和他们的信息储备是类似的。这些多维记忆会影响我们如何衡量自己的选择，甚至可以简化决策过程。你之前已经通过直觉、预感或偏好体验过这种感觉了。

因为并不清楚这些躯体标记是从哪些经验当中发展而来的，我更愿意把它们用作理解我的选择的数据点。如果我感觉某件事情不太对，或者我仅仅是更倾向于另一个选项，那我会以此为基础探索原因。一个不错的开头是问你自己：是哪些有关这个选项或我自身的因素让我有这种感觉？这么做可以得出更进一步地能够被主观或者客观证实的信息。无论哪种方式，它都可以帮你探寻你思考中的阴影部分，在这些阴影中信息可能是不完整的，或者风险的定义可能是不明确的。

正如你所看到的，在作决定的时候，情绪和深思熟虑就像是一枚硬币的两面，是一种相互交织的共生关系。毕竟，没有汤料的汤只不过是被煮熟的蔬菜和发白的肉块。

第14章

决策中的性别差异

▼

你所需要了解却不敢问的是男性和女性处理信息的方式如何不同，而这对于风险感知和团队决策又意味着什么。

　　男性的大脑更大一些，这点并不是什么秘密，也不带有歧视性，这单单就是生物学上的事实。而女性的大脑密度更高，这使得男性和女性或多或少拥有同样的处理能力。除去身体上的差异，我们作决策真正的差异来自两性在编码记忆、感知情感、识别面孔、承担风险和解决某些问题上的不同。[23] 这些独立于性别的认知功能影响着我们思考的内容和方式，就如同情绪和心理偏见一样。那么意识到这些不同很重要吗？我们人类已经在各自男性或女性的身体里度过了还不错的20万年，但是，如果能够利用这种认知多样性的粗略形式去产生不同的观点，从哪方面来看都是稳赚不赔的。让我来解释一下原因。

　　信息在男性与女性大脑里的流动是不一样的。毫不夸张地讲，我们是通过一种所谓的认知连接组回路以不同的方式连在一起的。就像谷歌地图展现地球上所有的道路一样，连接组回路告诉我们要去哪里、可以去哪里，但这并不等同于乘坐大巴、助力车或Uber（优步）可以去哪里，或者说旅行的目的是什么。我们对这些回路的了解还停留在初期，然而马杜拉·因戈尔哈利卡、艾利克斯·史密斯以及他们的合作团队[24] 已经能够绘制出一大批男性和女性大脑的结构性连接组（准确来说是 949 个健康的活大脑）。我们猜想，在长途旅行中，男性通常更擅长辨别方向，也更擅长把所有要用的东西打包进车里，因为我们觉得他们有更优越的空间能力，并且我们也猜想，女性要比男性更擅长记住细节，而且研究人员能够为我们的这种预感增添一些科学依据，包括"为什么女性有更好的社会认知能力而男性更擅长运动技能"。

他们发现，女性大脑在两个大脑半球之间的交流是最优化的。这种信号在左右脑叶之间自由流动的能力，促进了大脑中分析和直觉两种处理模式的交流。相比之下，男性的大脑最适合两个大脑半球内部之间的交流——从后往前或从前往后，而不是跨越两个脑半球的交流，这促进了感知和协调动作之间的联系。鉴于这种区别，就很容易看出"男人是狩猎者，女人是采集者"这句古老格言的出处了。

那这一切对于决策又有什么意义呢？想一下，女性在作决策时本能采用的大脑区域是直觉和分析路径。这种思考和感受之间的无缝衔接影响了我们的注意点，也提高了女性把情绪和社会的角度融入分析和决策的能力。也许女性选择带来的影响会很自然地被放到眼前目标之外的一个更宽广的环境中去探讨，也许大自然推动我们去更多地思考它会如何影响其他人。在这里，直觉可能扮演着重要的角色，也可能在关键时刻使理性的作用削弱。

但是对于男性来说，获得信息并采取行动是其默认的线路。这让男性成为更迅速、更果断的决策者。收集到的信息可能成了以任务而非以人为中心。思考可能会成为以行动为导向，而风险也可能会被狭隘地评估。我使用的是也许、或许和可能这些并非很明确的词，因为我在描述一种一般行为，而在这个所谓的"一般"

当中会有各式各样的行为。

想一下你在一个由男性和女性构成的团队里工作的经历。在作决策时，男性是不是看起来更果断，而女性看起来更深思熟虑或谨慎？是不是女性想获得更多的信息来考虑对利益相关者更大的影响，而男性则乐于沿着正确的道路继续前进？

这种情况我见到了很多次，但这更多的是因为我本来就在寻找它。我在寻找一些方法，以确保团队认识到认知的多样性，并且能最大限度地利用不同性别和国籍对一个问题领域所带来的不同的质疑角度。

另外，情感神经科学[25]领域的研究表明：一方面女性更能轻易地识别情绪并表达自己，且相较于男性有更强的信息回忆能力；[26]另一方面，男性对具有威胁性的暗示（强势、暴力或攻击性）展现出更强烈的反应，并且比女性更倾向于冒险。[27]在男性和女性一起作决策的情境下，不难看出，女性对事实的回忆和读取利益相关者情绪的能力是怎样与男性更准确地把控和承担风险（以及解读地图）的能力互相补充的。

我经常被问到，这些性别上的不同是先天还是后天造成的。我所了解到的是，这种男性和女性大脑的分支在小的时候就已经显现出来了，在青少年和成年时期则表现出了巨大的差异。[28]因此，目前来讲，答案是两者都有可能，但是毫无疑问，某些地方的一些科学家正在对此进行研究。我们拭目以待吧。

第 15 章

压力也是一种情绪

▼

把压力作为一种情绪展开探讨，并探索它对你风险处理的影响及你对付白痴的能力。

那么，压力情绪又是什么呢？在压力之下了解自己，对我们作出最好的决策是非常重要的一部分。当我们感到压力时，我们的感知能力会因为压力荷尔蒙的短暂爆发而增强，体内的稳定机能会关闭，血液重新流向四肢，让它们准备行动。我们的祖先在逃避迫在眉睫的危险时，所需要的就是短暂的压力爆发。当威胁过去之后，他们的身心就会回到体内平衡的状态。然而混凝土丛林中的生活要稍微复杂一点，因为我们自然状态下的平衡包括日常的低水平压力——来自交通拥堵、账单、长时间工作、差劲的老板、信息过载，或不够苗条、健康、年轻、好看等现实的压力。在这种情况下，这些压力很容易就会打破我们的自然平衡。你怎么知道自己什么时候压力过大？现在就来想一想。然后想一想压力对你的决策产生的影响。你知道会是什么吗？

在这些时候我知道我感到有压力：

1. _____

2. _____

3. _____

压力对我的决策的影响有以下几种方式：

1. _____

2. _____

3. _____

你相信压力会影响你的健康吗？

是 / 否

　　压力会让我的脾气变坏，影响我的食欲，妨碍我的睡眠，并且大大降低我对白痴的容忍能力——看起来在我有压力的时候，我的生活中会多出来很多白痴。听起来很熟悉，对不对？但这还不是最糟糕的部分。以防你忘记，我来提醒一下你，长时间的压力会导致高血压，抑制免疫系统的作用并增加对普通感染的敏感性。压力也会导致哮喘、消化系统紊乱及癌症，同时我们不要忘了，它会加速你的衰老。听起来挺可怕的，不是吗？幸运的是，我们对于这种阴险情绪的破坏不再是无能为力的了。最新的关于压力的科学论证打破了我们对它的传统认知，并且给予了我们新的策略去对抗它，而我这里所说的并不是什么"三倍的小麦草汁"（曾传言小麦草汁可以防癌，这被证实了是骗局——译注）。

　　很长一段时间以来，我们都认为压力是引发心脏病的首要因素，而心脏病又是发达国家中人过早死亡的主要原因。大量的新研究表明，单单相信这一条说法，就会把你过早死亡的概率提高43%。

　　什么？

　　人们发现，那些不相信压力对他们健康有害的人，其高水平压力对健康的长期不利影响较小。在一份为期8年的大型研究当中，那些经历了很大压力却没有把压力看作是有害的人，在所有调查对象中过早死亡的风险最低，甚至与压力相对较小的人相比也是如此。来自哈佛大学和加州大学的一组研究人员想了解怎么可能是这样，他们探索、研究了如果改变关于压力对身体的影响的相关观念，对身体会带来什么影响，而他们的发现是很引人注目的。[29]

对于正常情况下的一个普通人来说，压力会使他的心跳加快，同时也会导致他的血管收缩；但是在这项研究里，参与者被鼓励把他们的压力反应看作是有帮助的，并且是能为他们未来的挑战作准备的。有了这种新的心态，当他们经历压力时，尽管他们的心率仍会加快，但血管还是保持放松的，由此产生的心血管状况看起来非常像在面对逆境时表现出勇气或胆量的人的心血管状况。相比于典型的压力反应，这种反应造成的损害要小得多，而这也能解释为什么一辈子都相信压力是有益的可以让你的身体更健康。

看起来，如果把压力看作是我们的身体充满活力并准备好行动的信号，那我们就能平衡它可能会带来的身体上的损害，就像是一剂对抗压力的精神疫苗。如果你相信你的压力反应会对你的表现有所帮助，那么你就会少一些焦虑而多一些自信，并且不要忘了，你也不太可能会受到压力相关的疾病的缠扰。

在一生的压力经历中，这一生理上的变化，可能就是"在50岁罹患因压力引起的心脏病"和"健康地活到90多岁"之间的区别。

这就是关于压力的新科学所真正揭示的：你如何看待压力是很重要的。

——凯利·麦克尼格尔，斯坦福大学健康心理学家、研究员

　　但是压力在决策中会产生什么样的影响呢？这可以通过它对我们准确感知并承担风险能力的影响来看待。在上一章中，我们看到了男性和女性在生物学上的差异，可能会以某种可预测的方式影响我们对信息的处理以及决策。如果把压力当作是我们查看信息的一种筛选程序，研究人员发现，男性和女性的大脑在这个领域里的反应也是不同的。

　　简单来说，多项研究报告都表明，在不确定的情况下作出决策时，感受到压力的女性会减少承担的风险，而感受到压力的男性会增加承担的风险，哪怕是在承担的风险明显有利或不利的情况下，这一点也仍然成立。[30] 从这一发现得出的结论是，急性的压力会让男性更愿意承担风险，而女性则会减少承担风险。

　　根据我们对信息在大脑中如何流动的了解，这一点并不会令人难以置信。回顾一下：信息在女性的大脑中更容易在社交和分析区域流动，而男性则更直接地对接收到的信息采取行动。我很少在这一点上获得来自听众的反对声音，除了有一次，那时我正与一群来自一家富时100指数的制造业公司的高层领导工作。让我惊讶的是，担任高级职务、对结果明显有真正影响力的女性是如此之多。这些人认为在风险承担方面的性别差异完全就是一派胡言，因为这家公司里的女性在承担风险上和男性一样有能力。

　　很快这一切就清楚了，在这家公司里，随着女性往上晋升，承担风险的行为逐渐变成了一种领导层的内部规范。她们是在并不知情的情况下被选上的，而这些女性会继续提拔那些有冒险性格的女性，这一点也反映了她们自身的这一性格。

　　关于压力对我们的决策带来的影响，还有更爆炸性的消息。

压力荷尔蒙是生命中很关键的一个伙伴，它支撑着我们迎接日常挑战，克服中途的困难，以实现我们的目标。然而，过多看不到尽头的压力会导致一种急性情况，我们每天将被高水平的压力荷尔蒙轰炸。这种急性的压力会改变压力荷尔蒙的效果并影响我们作出合适的决定的能力。有些可怜的实验室小白鼠就被暴露在长期的、不可预测的压力之下，它们的行为发生了巨大的变化。[31] 具体来说，随着它们的行为迅速地从目标导向（即广泛地搜寻以找到食物）变成习惯性策略（过去成功的方法），它们变得很抵制改变，而习惯性策略被证明是不受更大、更好的奖励所影响的。

现在设想一下，如果这种行为被复制到人类身上——长期处于压力之下的个人所组成的组织，对更大的回报无动于衷，也更不善于调整行为以迎接挑战和目标。员工们每天只会是走走过场，抵触变革，并且逃避那些把他们拉出舒适区的目标和行为。而开设更好的餐厅、增设舒服的懒人沙发和乒乓球桌并不总是能缓解员工压力的方案。

第16章

不同观点的痛苦与力量

作为数据点的不同意见。新手和专业决策者的关键区别是什么？

为什么批评很难获得，也更难给出？

不是所有人都有资格批评你，所以要明智地选择批评你的人。

我们在第7章讨论过程导向的决策时认识了瑞·达利欧。在这里，我们需要一个更正式的介绍，所以请再一次认识瑞达利欧，一位仍会吸引大批人群、让任何上了年纪的摇滚明星都羡慕不已的69岁老人。他不会唱歌、跳舞，或试图鼓励你；相反，他会通过告诉你怎样去做这些事情来吸引你的注意力。或者至少是对他来讲该怎样做这些事情，以及他是如何通过并非主流的决策方法——诸如彻底的公开透明和毫不畏缩的坦率——去建立他的公司及增长财富的。他是投资公司、全球规模最大的对冲基金之一的桥水联合基金的创始人，也是彭博社2019年6月富豪榜上全球第58位富豪。

达利欧有很多他认为有助于他成功的原则，而他在《原则》一书中对它们进行了探讨。但是在他身上，有一种我很少在其他决策者身上看到的特殊才能，而我认为他的成功很大程度上源于这种才能，简而言之，是他寻求并接受批评的能力。

用他自己的话来说：[32] "在交易市场中，无论你多么自信，你都有可能会犯错。所以我很早便学会去寻找那些和我有不同意见的人及不同意我的人，因为我想要知道他们的想法。这一点提高了我的正确率。我从别人的视角学到了很多东西。我认为我们在很多方面都是有盲区的。"

以上是瑞·达利欧在《纽约时报》Dealbook 大会上接受采访时的谈话。

听起来很简单，对吧？找一些对你正在思考的话题有一点了解的人，预约一下他们宝贵的时间，然后阐述你的想法并问他们在哪些地方有异议。认真聆听并把他们的想法作为需要探索的数据点纳入你的思维。也许这听起来对你来说并不是一个很高的要求，也许你有一个值得信赖的顾问关系网。我一同工作过的大部分人会通过他们的朋友和那些亲切的同事去征求意见。但是，把这一步做好根本不像它听起来那么容易。首先，与朋友共事从生物学角度来讲并不是最理想的。以下是其原因：

（1）对一位朋友或友好的同事提出批评是违背我们本性的。

朋友往往是志趣相投、享受相互之间陪伴的人，并且从神经学层面上讲，相互之间是珍视彼此友谊的。友谊会激活我们大脑里的奖励回路，制造出一种令我们享受且不会被轻易破坏的感受。让一位朋友去反对你的观点，会增加他们杏仁核（大脑内部的、与触发你大脑的恐惧系统相关联的一部分）里的活动。而这会产生很大程度的不适，以至于你的朋友们会避免提出批评意见或淡化批评。因此，让他们去承担这种情绪上的压力是不公平的。

（2）从任何人那里接受批评是违背我们本性的。

不过，接受批评对你来说也不是一件轻松的事。当你和那些被你视为朋友或值得信赖的顾问等人的意见一致时，大脑中两个特定的区域会做出反应：伏隔核——大脑中相同奖励回路的一部分，以及眶额皮层——大脑中参与决策认知方面的部分。[33] 但研究人员指出，当这种纽带因意见不合而中断时，这种排斥会引起情绪上的痛苦，其神经回路和身体上的疼痛是一样的。

正如你所看到的，无论批评是多么具有建设性或多么出于好意，我们都无法毫不痛苦地给出或接受批评。这一领域的很多研究与从众及被同伴接受的需求有关。极端一点来讲，这是羊群效应和集体思维——极度影响明智决策的行为——有害本质的基础。

达利欧把不同意见看作是帮助他减少犯错的一种方式。相较于其他投资人少犯一些错，就会让你赚到钱。对他来说，那并不是批评，而是重要的信息。他重塑分歧的能力让他脱颖而出。

这里有一些观点可以减少接受（及给予）批评、不同意或挑战你的想法对认知的影响。

把批评重塑为数据

尽可能把得出结论想象成在构建一幅拼图。你手里拿着一部分拼图，另一部分可能完全找不到了，而其他人手里有一些关键的拼图块。用不同的视角和不同的观点将拼图拼在一起，将有助于弄清拼图上的图片。当然了，你也可以自己重新创建这些拼图块，但是这会限制你只能从自己的角度去想，会消耗更长的时间，而且会加重你的心理偏见。

在决策过程中尽早提问

优秀的决策需要时间、精力的投入。一旦你得出了结论，你就和它们建立了一种关系，它们就成了你的技能和智慧的产物。一旦你拥有了一个结论，就会完全受制于沉没成本效应和损失规避（这时，对于失去你所拥有的东西的恐惧会超过获得同等价值的东西的快乐）。试着不要把你的结论呈现给别人去检验，而要请他人对你的这个想法——这个会在决策过程早期得出你的结论的想法——进行评价。

选择你的批评者

并不是所有人都有资格批评你。前些天，因为我 13 岁的儿子在考试时难以集中注意力，我就给他煮了他人生中的第一杯咖啡，他却很讨厌这杯咖啡。我并不惊讶，当然也没有把这放在心上。他几乎没有资格去评判我作为咖啡师的技术。

如今的社交媒体上，有太多的陌生人会批评你，却不会觉得心神不安。在我所从事的公共工作中，我一直提醒自己，并不是每一个批评者都有权利批评我。在桥水基金（达利欧的公司），他们使用一套专用软件，把"可信度权重"应用到观点和分析当中。那些经验最丰富、在该讨论话题中有最优记录的人，他们的观点在最终的分析中会被增加权重，他们也可以获得发表意见的权利。

考虑到挑战和批评在我们的思考[34]（及健康）方面的影响要远远大于积极评价的影响，一般来讲，批评者对你的决策和生活的影响要比你的朋友大得多。因此，我是否可以建议，明智地选择批评我们的人甚至要比选择我们的朋友和盟友更重要呢？

不要寻求认可，寻求信息

在我怀上我儿子（他现在已经 13 岁了，还不是个咖啡爱好者）

的时候，我是一个素食主义者，并坚持了 10 多年。我当时担心，或许我的饮食偏好会影响孩子的健康。我和我的妇科医生谈到了这个问题，她建议我去找一位营养学家。但在这之前，她说："如果我是你，我就会重新开始吃肉，这是一个婴儿所需要的。把你的意志强加于一个还没出生的孩子身上，这是不公平的。"哦，天哪，我才刚刚怀孕几个星期，就已经感觉自己像是个糟糕而自私的母亲了。两个礼拜后，在进行了全面的血液和饮食分析之后，营养师向我展示了如何从一份植物和乳制品的饮食清单中给我的宝宝提供他所需要的全部营养。尽管我有了一个漂亮、健康的宝宝，而且他现在已经是个青少年了，但来自那位妇科医生的讥讽这些年来一直伴随着我。只不过它不再让我觉得刺耳，仅仅是提醒我她的专业领域是怀孕而非营养，而那位营养师则可以告诉我事实，并让我自己作出决定。

　　观点，就像感觉一样，通常来讲都是主观的，了解它们所基于的事实在我们的决策中是相当有用的。

第四部分

04.

第 17 章

你提升后的决策过程

▼

这部分主要阐述新的决策过程、一个快速的总结、团队的 DECIDE 决策卡片。

在我们一开始研究你的决策时,我曾让你写下你的决策过程。那么现在你可以写下你扩展后的,包括了一些或者全部我们在本书中探讨过的工具的决策过程吗?

提示一下,这些工具是:

☆过程导向,而不是结果导向;

☆清晰的决策权——检查谁才是决策者;

☆元决策(包括确保在解决正确的问题);

☆检查问题是否在正确的框架内;

☆意识到你或你的团队最容易产生的心理偏见;

☆探索假设和风险;

☆了解无意识过程在风险感知中的作用;

☆汇集有挑战性的观点。

综上所述,现在,你心中理想的决策过程是什么样子的?

章节总结

第一部分

第 1 章介绍了这个问题：什么是好的决策，以及它应该被怎样衡量。

第 2 章探讨了从一份多人调查中对上述问题常见答案的解释。这些答案来自 10 年来在专业研究、企业和学术活动中对这个问题的反复提问。

传统的智慧告诉我们，一个好的决策：

☆ 实现了它的目标；

☆ 从逻辑上考虑到了所有可能的选项；

☆ 避免了思考被情绪影响；

☆ 与一个组织或个人的目标和价值观相符；

☆ 避免了遗憾。

第 3 章和第 5 章对这些观点依次提出了质疑，并由此来决定它们在一个好的决策中所扮演的角色。我们通过理论和实践得出的结论是，并不是所有这些都和作出一个好的决策有关，如下：

☆ 实现它的目标——不，这对于一个好的决策并不是必需的标准。

☆ 从逻辑上考虑到了所有可能的选项——一个人不可能权衡所有可能的选项，而传统的逻辑或理性的定义与我们如何处理信息、作出决策的方式是不一致的。一个更新后的、起作用的理性定义被提了出来。

☆避免了思考被情绪影响——考虑到情绪在决策中的作用，即情绪会影响我们关注的内容、我们收集并处理信息的方式及评估风险的方式。从生物学角度讲，没有了情绪的影响我们是不可能作决定的。

☆与一个组织或个人的目标和价值观相符——如果能对这些目标和价值观定期进行检验，以避免它们成为我们用来看待数据和信息的无益且过时的视角，才是一条有效的决策标准。

☆避免了遗憾——将所有备选的理论和学术及从业者的研究进行对比后，我们得出结论，一个好的决策是决策者不会后悔的决策。免于后悔，来自利用现有资源（生理、心理及时间上）作出一个人所能做到的最佳决策及对自身局限性的真实了解。实现这一点的最好方法就是通过决策过程引导一个人的思维，尤其是处于压力之下时，而如何做到这一点是第二部分的主题。

第二部分

在第二部分中，第 6 章和第 10 章介绍了一个最佳实践决策过程，并开始探讨、解释它所包含的步骤，以及决策过程的例子、决策协议和在当今组织里使用的去偏见策略。

如果你是任何一种专业人士，从技术工程师到人力资源高管、首席运营官（CEO）或者牙医，你都在不断权衡各种选项并决定最佳的交易、回报、治疗方案，甚至是在演讲或客户面前最好要说什么。你是一名专业的决策者，你的成功很大程度上取决于你的决策的质量。你已经知道，质量最好的决策并不一定总是结果最好的那个。比每次都击中靶心更重要的是培养一个好的决策过程，因而最终可以逐步产生更好的决策，并且随着时间的推移，从这些决定中获益。

决策过程是高度个人化的，但是一个最佳实践决策过程应该包含以下成功因素中的一部分：

（1）过程导向而不是结果导向

好的决定从来不是一时的天赋显现或灵光一闪而产生的随机灵感。一个过程之所以（有意识地或下意识地）会被任何一个始终作出好的决定的人使用，是因为没有人会一直幸运。第 6 章让你写下你的决策过程，这样你就可以在我们介绍这些工具的时候，反思并改善你解决问题的方法。

（2）清晰的决策权

一旦你知道了你正在解决正确的问题，那么一个好主意就是去明确问题领域里各个方面的决策者都是谁，并且要确保他们有权力和资源去行使他们作决定的权利。哪些选择在你的掌控之下？哪些选择需要别人的决策作为资源？每一位决策者都应该了解他们的风险预算，清楚他们有多少可以随意承担的风险，以及哪些资源可以被分配到他们的决策工作中。

（3）元决策（包括确保在解决正确的问题）

元决策就是在你开始作决策之前，决定你如何作决定的一个简单的行为。它开始于检查你实际上是否在解决正确的问题，然后会让你决定如何去解决问题，用什么工具、数据和资源。这听起来就像是个迷你的项目计划，因为它本身就是。元决策构成了一个好的决策过程的第一步，因为它预测了挑战，确保你在使用最好的工具，而且你的团队成员都达成了共识，并且实际上它提高了决策过程的速度。

（4）检查问题是否在正确的框架内

苏格拉底被认为是第一个提出"所有的信息都发生在观点和参照系中，所有的推理都来源于某个目标"的人。这个可怜的人因为他那无法被容忍的思想而被处死了。今天，这个推理将优秀的决策者与其他人区分开来。毫无疑问，每一条呈现给你的信息都是通过其他人的参照系得来的，因此它们的结构也服务于它们的目的。经常问一问你自己，记者、股票经纪人、外科医生、CEO，或者其他任何人，他们在传递信息的时候有什么样的动机。如果你有自己的数据来源，那也要注意这份数据是通过你自己的心理框架过滤得来的。

（5）意识到你（或者你的团队）最倾向于的心理偏见

除了金融和广告这种高管可以用心理学去从他们客户的偏见中获利的领域之外，在战略决策中，高管必须了解并消除自己和同事当中的偏见。成功做到这一点的人凤毛麟角，而一项有关拗口的偏见盲点偏见的研究提醒我们，大多数人往往认为自己比他人更不易受到偏见的影响。减少显性偏见的训练并没有被证明像预期的消除它们那样成功，这是因为我们很难相信自己对他人存在显性的偏见。而这一章重点关注的是那些影响我们处理信息、感知风险的隐性偏见或心理捷径，比如风险规避、确认偏误、锚定效应和过度自信。

第二部分以对去偏策略的探讨结束。了解偏见可能会影响你的思考，无法保证它确实不会影响你的思考。去偏策略是一种决策协议或框架，它可以平衡你或你的团队的思维中最普遍的偏见。参见第10章结尾部分组织中使用该策略的案例。

第三部分

第三部分讨论了最佳实践决策的其余部分，这其中包括：

☆探索假设及风险；

☆理解无意识过程在风险感知中的作用；

☆收集质疑的观点。

在第 11 章中，我们看到了假设如何在我们的决策中扮演着重要的角色。这些假设有的时候来自过去的数据或现状，有的时候来自我们所不知道的东西或还未更新的信念。它们是我们经常创造并重复的故事，以至于有的时候在我们的思维中，它们慢慢演变成了"事实"。第三部分探讨了根除假设的一些策略，比如问以下这些问题：

☆什么是我（们）知道但不能证明的？

☆什么是我们未经质疑就接受了的？现状是什么？

☆什么是我们不知道的？

决策通常开始于由内而外的了解决策、了解我们的选择及它们对我们的影响这样一个过程。而对概率和假设的质疑，则让我们可以从一个由外而内的视角开始，这种视角的框架更宽，个人的看法也更少一些。

在一个世界状态矩阵里探索决策变量和假设，是一个量化不确定性的很有用的工具，就像在第 11 章所述的那样。

在第 12 章里，我们有了一段我们应得的休息时间，从探索我们自己的决策转而聚焦于联邦调查局的决策，通过一个真实的案例研究，我们探讨了关于对布兰登·梅菲尔德的错误逮捕和羁押。一旦你看到了他们在行动中所犯的决策错误，你就可以提出建议帮助他们做得更好，也可以看看你的建议是否与调查该案件的独立委员会给出的建议相一致。

第13章和第15章转而讨论无意识过程对我们风险感知能力的巨大影响。人们认为情绪在我们的身体里起着协调的作用，会触发一系列的反应让我们能够快速地应对问题或机会。特定情绪就像计算机程序里一行行的代码一样，携带着特定的对不同情况发出普遍反应信号的"行为倾向"。情绪会引起内在的反应，而我们也可以通过它的视角去查看或评价未来的事件。这就是为什么你核验对一个决策及其组成部分的感受是非常关键的。压力也是一种情绪。我们讨论了压力对以性别区分的风险感知能力的影响，以及有关压力荷尔蒙能让决策从目标导向偏离到习惯性行为的突破性研究。

第16章提醒你，在作出决定之前检验你的想法是一个好决定的重要部分，然而我们并不能毫无痛苦地给出或接受批评，不管它是多么具有建设性或多么出于好意。把批评重塑为数据，在你的思考过程中尽早寻求挑战性的观点，甚至要比选择朋友还要明智地选择你的批评者，这些都会帮你管理并最大化接受批评所带来的影响。

最后，第17章以一个最佳实践决策过程的总结作结尾，并且也给你留下了位置，让你写下你会如何利用它去扩展你最开始的决策过程。

DECIDE™ 决策卡片

如今，更多时候，决策往往是团队作出来的。在团队决策中鼓励结构化的一个不错的方式就是使用 DECIDE™ 决策卡片。在作决策时，并不需要考虑决策过程的方方面面，而这些卡片可以让团队选择对他们来说最适用的那些要素，之后便可以分发卡片，支持各个团队成员去引导对话的各个部分。这里是一些 DECIDE 卡片的例子，但是你也可以准备出你自己的卡片，就像你为演讲准备的提示卡或为考试准备的抽认卡（还记得这个东西吧？）。

首先，别弄错了！

一个好的决策要解决正确的问题、要找到最好的路线，先要知道你的目的地！

检查我们是否在解决正确的问题所要问的问题

我们在解决的实际问题是什么，或者我们设法解决的挑战是什么？

我们怎么知道这不是一个更大问题的征兆？

我们能解决不同的挑战并产生更大的影响吗？

决定如何作决定

元决策检查

☆框架
☆可用的资源
☆作出的假设
☆使用的方法
☆过去的经验

为更好的决策结果提供通用的设置。

过去的经验

是否有其他行业、公司、部门、个人曾面临类似的挑战？

他们是如何解决的？哪些方法对他们有用？哪些没有用？

我们能从他们的经验当中学到什么？

管理盲点和情绪

情绪心理盲点影响我们思考的内容和方式。

让一种情绪消失只需要 90 秒！

管理情绪和盲点的影响

我现在的感受如何？

这会如何影响我对风险的感知？

我有正在锚定的信息吗？

我是否在收集和我的想法一致的信息及挑战它的数据？

写给读者

引入提高决策的工具已经在世界很多地方产生了深远的影响——从在中东工作的非政府组织（NGOs），到改写历史课本以让其更准确、偏见更少，再到减少塑料垃圾和加强大型医药企业的道德决策。它也帮助投资团队参与更激烈的讨论，提高很多公司的投资回报，也帮助我在职业和生活中经受住很多个人、职业的挑战。我仅仅希望，无论你的新决策、提升后的决策过程采用了何种形式，都能帮助你在生活中多一份勇敢、少一份遗憾，因为你知道，你已经作出了最好的选择。

请谨记，你在过去所作的决定，以及你如何选择去回应生活给你的一切，都已经导致了你如今的现实；而你从今天起所作的决策，都将会创造出属于你的未来。

请作出明智的选择。

作者笔记

　　这本书是作为我博士论文的一部分写出来的，而论文的主要目的是：

　　1.通过对行为决策过程的产生进行案例学习，去完善决策理论；

　　2.在实践中提升决策能力。

　　我意识到一篇学术论文无论如何都不能提高实际的决策能力，因此，我从很长的学术论文中提取出了一些较好的想法，并把它们编在《决定》这本书里。见多识广的读者会在那篇论文中认出这本书。

参考资料

第一部分

1.《助推》这本书的关注范围很窄，并没有资格作为一种决策的一般方法，因此它的应用也很有限，尽管它提供了大量的思想食粮。

2. 我现在的研究涵盖了可以跨组织使用的行为决策系统（框架），以提高组织层面决策的质量和道德规范。没错，会有另一本书介绍我的研究，而我也保证它不会太过于学术。

3. 帕斯卡《思想录》第三部分——"打赌的必要性"（特罗特译），古典丛书（"打赌"在第 233 号）。布莱士·帕斯卡是 17 世纪法国的哲学家、数学家和物理学家。

4. https://en.oxforddictionaries.com/definition/rationality 检索自 2018 年 11 月 28 日："逻辑"。

5. https://en.oxforddictionaries.com/definition/rationality 检索自 2018 年 11 月 28 日："理性"。

6. 直接把回报和其发生的概率相乘即可，即 $400 \times 0.2 = 80$。

7. 伯努利在 19 世纪不能成为一位诺贝尔奖获得者，但是他的作品启发了很多获奖的理论。

8. 最初的所引用的货币是欧洲的一种叫作达克特的交易货币，它是由金、银和其他金属组成的硬币。

9. 概率：用有利情况和可能情况的总数的比例衡量的某一事件可

能发生的程度。参见：https://en.oxforddictionaries.com/definition/probability。

10. 1953 年，数学家约翰·冯·诺依曼和经济学家奥斯卡·摩根斯特恩首次提出了理性决策理论的发展，他们提出了一种以伯努利的预期效用或回报最大化原则为基础的、可能不同于投机的货币价值的、有关决策的数学理论。他们还探索了预期效用假设可以成立的条件。

11. 引用自 M. 刘易斯（2016）：《思维解谜：一段改变世界的友谊》，英国：艾伦·雷恩。这是我最喜欢的一本书。

12. 1956 年，赫伯特·西蒙提出，由于我们的计算能力有限，并且几乎总是受制于有限的信息，我们因而被期望使用一种"近似"理性的形式，他称之为有限理性或满意。它描述了我们如何努力找到一个满意结果的选择，以及当我们相信已经找到时如何停止搜寻，而不是继续寻找，直到我们得到最优结果——如果存在的话。

13. J. 康利斯克（1996）："为什么是有限理性？"，《经济文献》，34（2）：669-700 页，692 页。

14. 格尔德·吉仁泽（2008）：《凡人的理性：人们如何应对不确定性》，牛津大学出版社。

15. R. 哈斯蒂、R.M. 道斯（2010）：《不确定世界里的理性选择：判断和决策的心理学》第二版，洛杉矶：世哲出版集团。

16 & 17. 约瑟夫·勒·杜（2015）："感觉：它们是什么以及大脑是如何制造它们的？"《代达罗斯》，麻省理工出版社，144（1）：96-111 页。

18 & 19. D. 凯尔特纳、J.S. 勒纳（2010）："情绪"，《社会心理学手册》；

D.T. 吉尔伯特、S.T. 菲斯克、G. 林基主编：317-52 页。纽约州纽约市：威利，以及 J.S. 勒纳、Y. 李、P. 瓦尔德索洛和 K.S. 卡萨姆（2015）："情绪和决策"，《年度心理学评论》，66（1）：799-823 页。

20. J.S. 勒纳、D. 凯尔特纳（2001）："恐惧、愤怒和风险"，《人格与社会心理学》，81（1）：146-159 页。

21. 如果那段关系以非常负面的形式结束，那你有可能就不会记起它积极开始的光辉和荣耀，因为这些记忆都已经被污染了。

22. A. 加仑提诺、N. 伯尼尼和 L. 萨瓦多利（2017）："积极的兴奋增加人们对风险的偏好"，《心理学前沿》，8：21-42 页。

23. J.S. 勒纳和 D. 凯尔特纳（2001）："恐惧、愤怒和风险"，《人格与社会心理学》，美国心理学会，81（1）：146-159 页。

24. 约翰·科茨（2012）：《狗与狼之间的时刻：承担风险、直觉感受以及繁荣与萧条的生物》。对于在金融危机中，情绪对决策的影响是个引人入胜的揭露，非常值得一读。

25. 丽贝卡·雷维斯和威廉·H. 奥弗曼（2001）："在决策任务上的成人性别差异在之前被证明依靠眶前额叶皮层"，《行为神经科学》，美国心理学会，115（1）：196-206 页，以及杰克·冯·洪等人（2004）："睾酮素会改变健康年轻女性对惩罚和奖励的敏感度"，《心理神经内分泌学》，爱思唯尔有限公司，29（7）：937-943 页。

26. 在 2016 年的全民公投中，英国退出欧盟的决定获得了 51.9% 的人的支持和 48.1% 的反对。

27. M. 吉利德、M. 塞拉和 A. 马里尔（2018）："这是我的真相：非自愿观点确认的证据"，《社会心理学和人格科学》。

28. M. 吉利德、M. 塞拉和 A. 马里尔（2018）："这是我的真相：非自愿观点确认的证据"，《社会心理学和人格科学》：8 页。

29. 这包括那些强调道德举止的行为，举例来说，值得信赖，可以定义为说出你想说的并且说到做到。行为上的定义比语义上的定义有更细的粒度。

30. 参见特里梅因·杜·普里兹，米德尔塞克斯大学（2020）。

31. 安然公司年报（2000）第 29 页。

第二部分

1. D. 洛瓦洛和 O. 思伯尼（2010）："行为策略案例"，麦肯锡公司。

2. K. 吉迪恩和 W. 布鲁内·德·布鲁恩（2003）："论决策质量的评估：关于效用、冲突和责任的考量"，D. 哈德曼和 I. 马契（编者），英国奇彻斯特：约翰·威利父子出版公司：347-363 页。

3. 可在投资者档案观看：https://www.youtube.com/watch?v=5x3TdtjLibM。

4. https://www.investopedia.com/investing/warren-buffetts-investing-style-reviewed/。

5. "制造业经理的技能"，威廉·H. 马克尔（1966）：纽约，美国管理协会公司出版。

6. 指那些推动英国退出欧盟的人。

7. 可在 https://www.ons.gov.uk/ 浏览。

8. 这个例子的灵感来自《经济学人》里的一篇文章，该文章发表于 2019 年 5 月 4 日，题目是"奈飞公司和药片，抗生素行业已经崩溃"。

9. J.E. 鲁索、P.J.H. 舒马克（2001）：《决策致胜：第一次就把它做对》第 1 版，纽约：班塔姆·达尔布戴·戴尔出版集团。

10. H. 阿克沃茨和 S. O. 利林菲尔德（2009 年）："为什么科学告诉我们不要依赖目击者的描述"，《科学美国人》。

11. 躯体标记假说（SMH）提出了一种机制，在这种机制里情绪过程可以指导（或偏差）行为，尤其是决策。另见，安东尼奥·R. 达马西奥（2008 [1994]）：《笛卡尔的错误：情绪、理性和人脑》，兰登书屋。

12. D.阿泰沃洛贡等（2018）："无意识偏见训练：有效性证据的评估"，平等与人权委员会，研究报告113页。www. equalityhumanrights.com 可见。

13. "如何作出更好的决定：BBC地平线节目前景理论"，2012。

14. M.刘易斯（2016）：《思维解谜：一段改变世界的友谊》，英国：艾伦·雷恩，269页。

15. G.E.吉尼亚克和M.扎詹科夫斯基（2019）："人们相较于自己甚至更倾向于高估他们恋人的智力"，《智力》，73：41-51页。

16. 对丹尼尔·卡内曼的采访："如果我拥有一根魔杖，我会首先消除哪个偏见？过度自信。"，大卫·沙里亚特马达里2015年7月18日发表于《卫报》网络版，2019年3月26日收回。

17. 新经济思想研究所对大卫·塔克特的采访："关于经济基本面的故事如何驱动金融市场？"，《新经济思维》，发表于2012年1月13日，2019年3月29日收回。

18. 埃米莉·普罗宁、丹尼尔·Y.林和李·罗斯（2002）："偏见盲点：对自我与他人偏见的认知"，《人格与社会心理学》公报。加利福尼亚千橡市：世哲出版社，28（3）：369-381页，以及普拉萨德·钱德拉塞卡等人（2019），"在感知偏见和缺点内的中介和自我－他人不对称：偏见盲点的复制以及自由意志信念的延伸"，发表于《研究之门》——10.13140/RG.2.2.19878.16961。

第三部分

1 & 2. D. 沙里亚特·马达里与丹尼尔·卡内曼的采访："如果我拥有一根魔杖，我会首先消除哪个偏见？过度自信。"，《卫报》网络版。

3. J. 尼卡斯、N. 吉特罗夫、D. 盖里斯和 J. 格兰仕（2019 年 6 月 1 日）："波音公司在 737 Max 中建立了致命的假设，无视了一项最新的设计改变"，《纽约时报》。

4. G. 吉仁泽、U. 霍夫雷格（1995）："如何在没有指令的情况下改进贝叶斯推理：频率格式"，《心理学评论》，102：684–704 页。

5–8. 监察与审查办公室（2006）："关于联邦调查局处理布兰登·梅菲尔德案的调查"，非机密概要，美国司法部，https://oig.justice.gov/ special/s0601/final.pdf：8–12 页。

9. C. 达尔文（[1972]1965）：《人类和动物的情感表达》，芝加哥：芝加哥大学出版社。

10 & 11. E. 菲尔普斯、K. 兰伯特和 P. 索科尔－赫森纳（2014）：《情绪和决策：多重调节神经回路》，帕洛阿尔托市：年度评论股份有限公司，以及 J. 勒·杜（2015）："感觉：他们是什么以及大脑是如何制造他们的？"《代达罗斯》，144（1）：96–111 页。

12 & 14. J.S. 勒纳、Y. 李、P. 瓦尔德索洛和 K.S. 卡萨姆（2015）："情绪和决策"，《年度心理学评论》，66（1）：799–823 页。

13. 安东尼奥·R. 达马西奥（2008 [1994]）：《笛卡尔的错误：情绪、理性和人脑》，兰登书屋。

15. N.H. 弗里吉达（1993）："评价在情绪中的地位"，《认知与情绪》，7，357-387页。

16. N.H. 弗里吉达（1986）：《情绪》，剑桥：剑桥大学出版社。

17. 参考勒纳和凯尔特纳（2000），勒纳和凯尔特纳（2001）。

18. N.H. 弗里吉达（1988）。"情绪法则"《美国心理学家》，43：349-358页。

19. J.S. 勒纳、Y. 李、P. 瓦尔德索洛和K.S. 卡萨姆（2015）："情绪和决策"，《年度心理学评论》，66（1）：799-823页。

20. H. 布莱斯、N. 施瓦茨、G.L. 克劳尔、V. 格里萨诺、C. 拉贝、M. 沃克（1996）："心情和剧本的使用：好心情真的会导致无意识吗？"，《个性与社会心理学》，71：665-79页，以及G.V. 博登豪森、K. 苏塞尔（1994）："社会判断中的幸福和刻板的思维"，《个性与社会心理学》，66：621-32页。

21. C. 沃斯（2016）："联邦调查局特工认为赢得谈判的5个技巧"，《时代》，2016年5月26日。

22. 安东尼奥·R. 达马西奥（2008[1994]）：《笛卡尔的错误：情绪、理性和人脑》，兰登书屋。

23. K.P. 科斯格罗夫、C.M. 马祖尔和J.K. 斯特利（2007）："不断发展的有关大脑结构、功能及化学中性别差异的知识"，《生物神经病学》，62：847-855页。

24. M. 因戈尔哈利卡、A. 史密斯、D. 帕克、T.D. 萨特斯维特、M.A. 艾略特、K. 鲁帕雷尔、H. 哈克纳森、R.E. 古尔、R.C. 古尔、R. 维尔马（2013）："人脑结构性连接组的性别差异"，《美国国家科学院院刊》，111（2）。

25. M.E. 克勒特、B. 德·盖尔德（2012 年 6 月）："处理情绪信号的性别差异综述"，《神经心理学》，50（7）：1211-21 页。

26. L. 卡希尔（2006 年 6 月）："为什么性别对神经科学很重要？"《自然评论神经科学》，7（6）：477-84 页。

27. K.D. 科比等（2013）："荷兰自行车手承担风险行为的性别差异"，《进化心理学》。

28. M. 因戈尔哈利卡、A. 史密斯、D. 帕克、T.D. 萨特斯维特、M.A. 艾略特、K. 鲁帕雷尔、H. 哈克纳森、R.E. 古尔、R.C. 古尔、R. 维尔马（2013）："人脑结构性连接组的性别差异"，《美国国家科学院院刊》，111（2）。

29. A. 凯勒等（2012）："压力影响健康的观念很重要吗？与健康和死亡率的关联"。人口健康科学系，威斯康星大学－麦迪逊分校；以及 J. 杰米森、M. 诺克和 W.B. 门德斯（2012）："精神高于物质：重估觉醒会改善心血管和认知对压力的反应"，《实验心理学》：综合，第 141 册。

30. R. 舒伯特、M. 吉斯勒、M. 布朗、H.W. 布林辛格（2000）："特定性别对待风险和歧义的态度：一份实验性调查"。苏黎世：经济研究中心，瑞士联邦理工学院。

31. E. 迪亚斯－费雷拉、J.C. 苏萨、I. 梅洛、P. 摩尔加多、A.R. 梅斯基塔、J.J. 赛凯拉等（2009）："慢性压力导致额叶纹状体重组并影响决策"，《科学》，325：621-625 页。

32. R. 达利欧（2014 年 6 月）："公司文化和深思熟虑的分歧的力量"，《纽约时报》Dealbook 大会，YouTube 上可见。

33. J. 扎基、J. 席尔默、J.P. 米歇尔（2011）："社会影响调节神经计算的价值。"，《心理科学》，22（7）。

34. 研究表明，我们记住负面批评的可能性是记住表扬的四倍（即使对乐观的人来说也是如此），而且对负面反馈的处理要比正面反馈更加彻底。罗伊·F. 鲍迈斯特等（2001）："糟糕强于优秀"，《普通心理学评论》，教育出版基金会，5（4）。